be – WEG – te ZEIT

Ingrid Sporrer

Ingrid Sporrer

be – WEG – te – ZEIT

Wie ich ein neuer Mensch wurde

Verlag:

Ingrid Sporrer
Heilsbronner Straße 55
90449 Nürnberg
sporrer.ingrid@gmail.com

Einleitung

„Erzähle es weiter!“ Diese Worte haben sich unauslöschlich in mein Herz und meine Seele eingebrannt. Sie haben mein Leben von Grund auf verändert. Diese drei Worte haben aus einer kleinen grauen Maus eine selbstbewusste, redegewandte Person gemacht. Aus einer todkranken Frau wurde ein gesunder, lebensbejahender, glücklicher und vollkommen angstfreier Mensch. Das passiert, wenn diese Worte von Gott gesprochen wurden. Das passiert, wenn man von Gott berührt wurde, Seine Worte annimmt und Ihn wirken lässt. Dann kann man nicht anders, als zu gehorchen und es weiter zu erzählen. Der erste Schritt kostet große Überwindung, bedeutet es doch, dass man sein Leben und seine Gefühle fremden Menschen preisgeben muss. Es fällt sehr schwer, über das Erlebte zu sprechen.
Doch dann kommt Gottes Segen und seine Gnade auf einen herab, es begeistert einen selbst auf einmal so sehr, dass man es nicht mehr erwarten kann, den nächsten Schritt zu tun. Inzwischen habe ich schon viele Schritte getan und es macht sehr viel Freude, eine „Werbekampagne“ für Gott zu veranstalten.
In dieser für mich selbst unglaublichen Lebensgeschichte geht es nicht um mich, ich bin nur ein Werkzeug Gottes. Es geht allein um Gott, um Seine Treue, Seine Macht, Seine Barmherzigkeit, Seine verzeihende Güte und Seine unvergleichlich große Liebe. Er sendet uns Seinen Geist, der uns Kraft und Kühnheit verleiht - und wenn wir an Ihn glauben, Ihn lieben, Ihm gehorchen und vertrauen, beschert Er uns unvergleichlich vielfältige Möglichkeiten für Ihn zu wirken - und Er beschenkt uns mit Seinem Frieden und Seiner Freude. Ich kann nicht mehr anders, als Ihn zu lieben und Ihm zu gehorchen. Alles was ich tue, tue ich zur Ehre Gottes (vgl. 1.Kor 10,31).

Widmung

Mein Dank geht in erster Linie an meine unvergleichliche „Souffleuse“ – den HL. GEIST. Er hat dafür gesorgt, dass ich mich an alles erinnern konnte, was in meinem Leben Meilensteine waren. Er hat es mir möglich gemacht, meine Bedenken und Zweifel über Bord zu werfen und hat mir die Freude an meiner Aufgabe geschenkt. Ich betrachte es als großes Geschenk, dass ich für Gott tätig sein darf und in Seinen liebenden Armen ruhen darf.
Mein besonderer Dank gilt meinem lieben Mann Heinz, der immer treu bei mir geblieben ist, der mich versorgt hat und der mir immer das Gefühl gab, geliebt zu sein.
Ich danke Gott für meine wunderbare Familie: Meinen Sohn Michael, meine Schwiegertochter Margarete und meine Enkelkinder Benedikt, Simon und Anne.
Sie alle haben dazu beigetragen, dass mein Leben lebenswert war und ist. Durch sie habe ich Freude, Glück und ein harmonisches Familienleben erfahren dürfen.

„Bevor du geboren wurdest, existiertest du in Seinen Gedanken, in Seinem Plan. Er wusste, dass dich die Welt jetzt, in dieser Zeit braucht. Er plante dich für eine besondere Aufgabe, die niemand außer dir hier auf Erden erfüllen kann. Denn niemand kann das tun, was du hier auf Erden tun sollst.“ T.L.Osborn / „Du bist Gottes Bestes.“

Inhalt

Am Anfang war der Krieg

Als ich Ende 1942 geboren wurde, war der II. Weltkrieg noch voll im Gange und in dieser Nacht fielen wieder Bomben auf meine Heimatstadt Nürnberg. Mein Vater war eingezogen worden, so wie alle Männer unseres Landes, die nicht unabkömmlich waren. Meine Großeltern kümmerten sich um meine beiden Brüder, bis meine Mutter wieder zuhause war. Es war gar nicht so selbstverständlich, dass ich zur Welt kam. Meine Mutter wurde von allen Seiten bedrängt, doch das Kind abtreiben zu lassen: der Mann im Krieg, allein mit zwei Kindern und jetzt noch das Dritte, das kann doch nicht gut gehen!

„Es gibt da eine Engelmacherin!“ so hatte man meiner Mutter gesagt – doch meine Mutter war nicht darauf eingegangen - und so durfte ich leben. Meine Taufe fand ohne große Zeremonie nach drei Tagen im Krankenhaus statt. Es waren Nottaufen, man wusste ja nicht, ob man noch den nächsten Tag erleben würde.

Es dauerte nicht lange, dann kamen amerikanische Soldaten nach Nürnberg, um dem Wahnsinn des Krieges ein Ende zu setzen. Aber uns fehlten natürlich die nötigen Unterkünfte für die Soldaten. Kurzerhand wurden die Einwohner evakuiert, damit die Soldaten Wohnungen hatten. Meinem Großvater war es gelungen, in der Fränkischen Schweiz ein Zimmer in einem Bauernhof für meine Mutter und ihre 3 Kinder zu bekommen. Fahrzeuge waren auch Mangelware, die wurden alle für den Krieg gebraucht, also wurden wir auf einem Leiterwagen mit Pferdegespann in unser neues Zuhause transportiert.

Essen mussten wir in der Dorfwirtschaft, weil die Bäuerin dort nicht erlaubte, dass wir Holz zum Kochen „verschwendeten“. Milch bekamen wir ganz selten, was natürlich dazu führte, dass wir, wie alle kleinen Kinder, unterernährt waren.

Ich war gerade einmal 1 ½ Jahre alt, als ich von einem Insekt hinter dem Ohr gestochen wurde. Es war wohl eine schlimme Infektion, denn meine Mutter musste mich dringend zu einem Arzt bringen. Die waren aber auch alle im Kriegseinsatz. Die einzige Möglichkeit war die Universitätsklinik in Erlangen, wo noch Ärzte praktizierten.

Ein freundlicher Nachbar kutschierte Mutter und mich auf einem Pferdefuhrwerk, unter Tieffliegerbeschuss, in das Krankenhaus. Meine Mutter erzählte, dass auf der Straße oft erschossene Pferde lagen, sehr zur Freude der Menschen, denn so kam man endlich einmal an das langersehnte und rar gewordene Fleisch, egal ob vom Pferd oder von anderem Getier. Alles war Mangelware, die Leute hungerten.

In der Kinderklinik nahm man mich sofort auf, ich musste operiert werden. Zu dieser Zeit war es üblich, die Kinder vollkommen abzusondern, die Angehörigen durften die Kinder während des Krankenhausaufenthaltes nicht einmal sehen. Als Grund dafür gab man an, dass die Kinder sonst Heimweh bekämen.

So war das im Krieg, man hatte so viele andere Sorgen, was zählte da das Wohl eines Kindes. Erst nach 6 Wochen durfte mich meine Mutter wieder mitnehmen, es musste doch sehr ernst gewesen sein. Die Infektion war durch das Ohr bis ins Gehirn vorgedrungen.

Es braucht keine große Vorstellungskraft, um zu verstehen, dass ich als Kind verstört und traumatisiert war. Obendrein hatte eine Schwester in der Klinik noch freudestrahlend erzählt, dass ich ja so niedlich weinen konnte, weshalb sie mir immer einen Klaps gaben.

Zuhause verkroch ich mich häufig in eine Ecke und weinte: „Nicht hauen, nicht hauen!" Es dauerte eine längere Zeit, bis ich wieder meiner Mutter vertraute. Was für eine schreckliche Zeit, es überlebten nur die ganz zähen Menschen. Ich gehörte offensichtlich dazu. Mutig war ich schon immer. Mein großer Bruder fürchtete sich dagegen sogar vor den Gänsen. Dann holte er seine kleine Schwester, und ich verjagte sie dann für ihn.

Zurück nach Nürnberg – leben mit dem Krieg

Als das Problem der Unterkunft für die amerikanischen Soldaten gelöst war, durften die Menschen wieder in ihre Wohnungen einziehen, die dann aber meistens sehr renovierungsbedürftig waren. Wir hatten noch einen Kleiderschrank in der Wohnung stehen, darin fanden sich bei unserer Rückkehr sogar Einschusslöcher. An den Decken der Zimmer sah man viele Stiefelspuren. Konnten sie an der Decke laufen, wie machte man das? Für uns Kinder war das spannend und gab uns Rätsel auf.
Unser Haus stand zwar noch, war aber von außen durch die Splitter der Bomben beschädigt. Durch diese Löcher bekamen wir viele „Untermieter". Mäuse hatten so beispielsweise ein trockenes Zuhause unter unseren Holzfußböden gefunden. Als endlich die Löcher zugemauert wurden, konnten wir wochenlang die Fenster nicht mehr schließen, denn der Gestank der verwesten Mäuse war unerträglich.
An der Hand meiner Mutter, die mich überall mit hinnahm, bekam ich viel von der Angst der Menschen mit. Die Hausfrauen auf der Straße sagten zum Beispiel: „Haben Sie schon gehört, der Herr Y wurde gestern abgeholt. Wohin? Na, ins KZ! Letzte Woche erst die Familie X und jetzt schon wieder jemand." Der Schrecken stand den Frauen ins Gesicht geschrieben.
Wenn Fliegeralarm gegeben wurde, rannten Alle in die Luftschutzbunker. An den Hauswänden waren dazu überall Pfeile aufgemalt und darüber stand „Luftschutzbunker", damit man, wenn man unterwegs war, den nächsten Schutzraum schneller finden konnte. Wenn das zu weit war, ging man in die nächstgelegenen Keller. Die wichtigsten Papiere hatte man immer griffbereit in seiner Wohnung an der Haustür liegen, wenn es dann mal wieder in den Keller ging.

Dann saß man oft stundenlang auf den Kohlebergen und Kartoffelsäcken in den Kellern, betend und hoffend, dass man nicht von einer Bombe getroffen wurde, bis die Entwarnung kam.
Schlug eine Bombe im Nachbarhaus ein, konnte man schon alleine durch die Druckluft getötet werden. Manchmal flogen auch nur die Türchen in den Kaminen auf und jedermann war schwarz vom Ruß. So mischte sich später im Treppenhaus in die Erleichterung über das Überleben noch das befreiende Lachen über das rabenschwarze Aussehen der Hausbewohner.
Es gab ein Verdunkelungs-Gebot. Wenn die Bomber im Anflug waren, mussten alle Lichter gelöscht werden. Es gab keine Straßenbeleuchtung und in den Wohnungen durfte nur Licht gemacht werden, wenn kein Lichtschein nach außen drang. Deshalb hatten alle Zimmer schwere Vorhänge an den Fenstern. Es wurde streng kontrolliert, dass sich alle an die Verordnung hielten, ging es doch dabei um Leben oder Tod. Konnten die Piloten einen Lichtschein ausmachen, hieß das, dass da Menschen wohnten. Ob das nun Industrieanlagen, Flugplätze oder Wohnungen waren, konnten die Bomberpiloten nicht wissen, es wurden dann Bomben abgeworfen. Mit der Verdunkelung hoffte man, die Angreifer über ein unbewohntes Gebiet zu täuschen – und damit selbst zu überleben.

Die Anfänge nach dem Krieg

Nach Kriegsende war der Schrecken aber noch lange nicht vorbei. So viele Männer kamen nie mehr zurück, so viele unschuldige Menschen waren im Bombenhagel getötet worden, so viele Menschen hatten kein Zuhause mehr, weil die Häuser zerstört waren. Aber diejenigen, die überlebt hatten, packten mit an. Man musste sich ein neues Leben aufbauen.
Die ersten Schmierereien an Häusern tauchten auf, wenn man so will, die ersten Graffitis, immer der gleiche Inhalt: „Ami go home!“

Dankbarkeit war noch nie die Stärke der Menschen, schließlich hatten wir den „Amis“ das Kriegsende zu verdanken. Zu so etwas hatten die Leute dann doch auch noch Zeit.
Auch das Großhandelsgeschäft meines Vaters war komplett zerstört worden. Eigentlich handelte er mit Spielwaren, doch damals verkaufte man einfach alles, was man bekommen konnte. Ich erinnere mich noch an Carbid-Laternen. Man brauchte sie, wenn wieder einmal der Strom ausfiel. Sie stanken bestialisch, aber sie gaben Licht.
Es fehlte an allen Ecken und Enden. Jedes Stückchen Stoff, jedes Wollknäuel, jede Blechdose, jeder Karton und jeder Bleistift fand einen Abnehmer. Die Lebensmittel wurden streng rationiert, damit jeder etwas bekam. Es gab jeden Monatsanfang Lebensmittelmarken. Ohne diese Marken bekam man nichts - kein Fett, kein Mehl, keine Milch, es gab keine Ausnahmen. Es war zum Leben zu wenig, aber zum Sterben zu viel!
Wer einen Schrebergarten hatte, der war fein heraus. Man konnte etwas Gemüse anbauen, sofern es nicht über Nacht gestohlen wurde! Meine Eltern hatten ein Grundstück am anderen Ende der Stadt. Auch sie versuchten, etwas anzubauen. Nachdem die kleinen frischgepflanzten Obstbäume drei Mal hintereinander über Nacht verschwunden waren, gaben sie es auf.
Ich beobachtete die Leute, die mit Eimern und Schaufeln hinter den Pferden der berittenen Polizei herrannten, um die wertvollen „Rossbollen“ aufzusammeln. Es war der einzige Dünger, den man in der Stadt bekam. Künstlichen Dünger gab es nicht.
Wo es Mangel gibt, da blüht der Schwarzmarkt. Wer noch Geld hatte, konnte sich da versorgen. Amerika hatte uns da nicht im Stich gelassen, das darf man nie vergessen! Es gab auch die sogenannten „Rosinenbomber“, die die Berliner Bevölkerung versorgten. Berlin war eine Enklave geworden, abgeschnitten von jeglicher Versorgung. Die Amerikaner retteten die Menschen!
Es gab auch keine Probleme mit übergewichtigen Menschen, es gab nur schlanke Einwohner. Wenn jemand wohlgenährt war, wussten

alle, dass es da Verwandte in Amerika gab, die ihren Lieben Lebensmittelpakete schickten.
Die Besatzungsmächte leisteten ganze Arbeit. Es galt, sämtliche Kriegsakten aufzuarbeiten. Unrecht sollte wieder gut gemacht werden. Verwaltungen mussten neu strukturiert werden, die Bevölkerung musste versorgt werden, die ersten Weichen für den Wiederaufbau wurden gestellt und alle Behörden wurden von „Hitler-Anhängern“ gesäubert. Dass diese Mammutaufgaben nicht von den Besatzungsmächten bezahlt wurden, versteht sich eigentlich von selbst. So musste die Bevölkerung über viele Jahre hinweg den Gürtel enger schnallen. Die Leidtragenden eines Krieges ist immer die Bevölkerung des Landes. Eine so flächendeckende und großzügige Sozialversorgung wie heute wäre damals undenkbar gewesen, dazu fehlte einfach das Geld. Erst ab dem 3. Kind gab es beispielsweise zu dieser Zeit Kindergeld. Nun, Verhütungsmittel kannte man auch noch nicht! Kinder gab es daher jede Menge.
In unserer Stadt waren viele amerikanische Soldaten stationiert. Deutschland wurde nach dem Krieg in Besatzungszonen aufgeteilt. Die Siegermächte Russland, Amerika, England und Frankreich hatten das Land unter sich aufgeteilt. Wir hatten es noch gut getroffen, denn die Amerikaner sorgten gut für uns. Am schlimmsten war es für die Menschen in der russischen Besatzungszone. Das wurde später die DDR, wo 40 Jahre die Menschen im Osten vom „Westen“ getrennt waren, bis endlich die Mauer 1989 fiel. Wir hatten keine eigene Regierung mehr, alles was die Menschen anfangen wollten, bedurfte der Genehmigung der Besatzungsbehörden. Wir durften nichts mehr in eigener Verantwortung machen, die Alliierten hatten Angst, dass wieder ein neuer Diktator aufstehen würde. Das Leben war alles andere als einfach.

Erste Schritte in eine neue Welt

Auf den Straßen begegneten uns oft total abgemagerte Gestalten. Es waren Soldaten, die aus der Kriegsgefangenschaft kamen. Die meisten husteten erbärmlich, es gab viele Tuberkulosekranke. Ein Freund meines Vaters wurde nach Sibirien in die Kriegsgefangenschaft gebracht. Er kam erst nach 25 Jahren auf Vermittlung von Bundeskanzler Konrad Adenauer frei. Er hatte seine Tochter noch nie gesehen, seine Frau konnte mit seinem veränderten Wesen nicht mehr zurechtkommen, die Familie brach auseinander. Das waren entsetzliche Schicksale.

Eines Tages lief ich mit meiner Mutter an der Hand eine Straße entlang. Da kam uns eine Gruppe Soldaten entgegen, davon war einer ganz dunkelhäutig. So etwas hatte ich mit meinen 3 Jahren noch nie gesehen. Ich kannte das Lied von den 10 kleinen Negerlein – gab es die wirklich? Ich wollte schon immer alles genau wissen. Ich rannte auf den dunklen, riesigen Mann zu, stellte mich vor ihn hin und fragte mit kindlicher Neugier, zum Entsetzen meiner Mutter, die sich an Übergriffe von Soldaten während des Krieges erinnerte: „Bist du ein verbrannter Ami?“ Der Soldat konnte kein Deutsch, verstand aber sicherlich „Ami“, nickte voll Begeisterung und grinste von einem Ohr zum anderen, wobei seine Zähne weiß blitzten und sagte: „Yes, yes.“ Welch ein Anblick! Und dann langte er in seine Jackentasche und zog eine Tafel Schokolade hervor, für mich! Schokolade! Die gab es doch nur zu Weihnachten - mein Mut hatte sich rentiert.

Wir wohnten in einer 3-Zimmer-Wohnung in einem riesigen Wohnblock mit einem ausgedehnten Innenhof, ein idealer Spielraum für die Kinder, kein Fahrzeug konnte uns stören. Fahrzeuge waren aber immer noch Mangelware. Auch gab es noch keine Ampelanlagen zur

Verkehrsregelung, bei dem geringen Verkehrsaufkommen und den vergleichsweisen langsamen Fahrzeugen damals war das aber auch noch nicht nötig. Privatautos gab es wenige, das konnten sich nur ganz reiche Leute leisten. Ich denke, ich war etwa sechs Jahre alt, als mein Vater ein Auto kaufte. Es war das einzige Auto in unserem Wohnblock, doch er brauchte es für seine Geschäftsreisen. Das Transportieren von einem Berg Musterkoffern wurde einfach zu beschwerlich mit der Eisenbahn. Wir wurden von vielen Nachbarn wegen unseres Fahrzeuges deshalb beneidet.
Wer ein Fahrzeug irgendeiner Art besaß, musste gut darauf aufpassen. Es gab sehr viel Armut, die Menschen griffen zu, wenn etwas herrenlos herumstand. Das einzige Fahrrad unserer Familie gehörte meinem ältesten Bruder, er war acht Jahre älter als ich. Im Hausflur durfte kein Fahrrad abgestellt werden, deshalb stand es meistens im engen Gang unserer Wohnung. Da gab es schon einmal blaue Flecken, wenn man sich vorbeiquetschen musste.
Weil es so wenige Autos gab, wurden immer noch Pferdefuhrwerke zum Transport und zur Fortbewegung verwendet. Wir Kinder freuten uns immer, wenn bei den Wirtschaften Bier und Eisstangen angeliefert wurden. Es war eine willkommene Abwechslung in unserem Alltag. Bier gab es nur in Fässern und das Eis wurde in den Kellerräumen eingelagert, um das Bier zu kühlen. Die Lieferanten hatten dazu dicke Lederlappen auf den Schultern und schleppten die zwei Meter langen Eisstangen in die Keller der Wirtschaften.
Ab und zu kam ein Leierkastenmann, da freuten sich alle, die zuhause waren. Auf einem kleinen Leiterwagen stand eine kleine Drehorgel und wenn der Mann kurbelte, erklangen, für unsere Ohren, wunderschöne Lieder. Ein Leierkastenmann hatte immer einen Hut oder eine Mütze auf, irgendwie musste man das Geld ja einsammeln. Überall gingen die Fenster auf und die Bewohner erfreuten sich an der Musik. Uns Kindern stand die Aufgabe zu, das Geld einzusammeln, das die Leute aus den Fenstern warfen. Wenn es mehr als zwei

Münzen waren, wurde das Geld zuvor in ein Stückchen Zeitungspapier eingewickelt, der Dank für einen unerwarteten „Kunstgenuss".
Alles was wir außerdem an Vergnügen und Ablenkung hatten, war ein Radiogerät. Der Samstagabend wurde immer heiß ersehnt, da gab es das „Wunschkonzert". Da durften die Hörer anrufen und sich Lieder bestellen. Im Sommer dröhnte die Musik aus allen offenen Fenstern und wir sangen, bei unseren Spielen, lauthals die Schlager mit, wie „Am Sonntag will mein Süßer mit mir Segeln gehen" oder „Das machen nur die Beine von Dolores", oder „Mein kleiner grüner Kaktus"... .
Das gemeinsame Familienleben spielte eine große Rolle. Es wurde sechs Tage die Woche gearbeitet. Die Feierabende und den einzigen freien Tag, den Sonntag, verbrachte man mit gemeinsamen Spielen, Spazierengehen oder Lesen. Die Frauen und Mädchen machten Handarbeiten. Die Frau gehörte damals an den Herd, sie war für die Familie da, ein Beruf bei einer Frau war noch sehr selten.
Wenn ich heute zurückdenke, war das auch die passende Rollenverteilung für diese Zeit. Es gab noch keine Waschmaschinen, alle vier Wochen war großer Waschtag. Da wurde um sechs Uhr morgens der Waschkessel angeschürt, so dass das Wasser heiß wurde. Die Wäsche wurde in einem großen Bottich gekocht, mit Holzstangen herausgehoben, auf dem Waschbrett geschrubbt, in großen Wannen gespült und ausgewrungen. Es war eine schweißtreibende Arbeit. Dann wurde die Wäsche auf Leinen getrocknet und mit Kaltmangel oder Bügeleisen gebügelt. Pflegeleichte Textilien kannte man nicht. Auch gab es noch keine Papiertaschentücher, man benutzte ausschließlich Stofftaschentücher. Es war nicht gerade hygienisch, aber dafür sehr arbeitsaufwändig.
Wenn mehrere Kinder in einer Familie waren, war es selbstverständlich, dass alle Kleider, Bücher und Spielsachen weiter „vererbt" wurden. Die Kleidung wurde geflickt, die Socken gestopft, verlorene Knöpfe durch Ähnliche ersetzt und waren die kostbaren Teile zum Schluss wirklich nicht mehr tragbar, trennte man die Knöpfe und

den Reißverschluss heraus, denn sie konnten sicherlich wiederverwendet werden - und der Stoff wurde noch als Putzlappen verwendet. Dreckige Putzlappen wurden einfach mit im Ofen oder Herd verbrannt. Es blieb nichts übrig.
Auch Kühlschränke gab es noch nicht. In der Hitze des Sommers verdarb das Essen sehr schnell. Man baute sich Kisten, isolierte sie mit alten Decken, Zeitungspapier etc. und holte aus dem nächsten Wirtshaus ein Stück Eis. Das legte man in einer Schüssel in diese Kiste und konnte verderbliche Lebensmittel einige Stunden kalt halten.
Für die nötige Wärme sorgten Kohleöfen. In der Küche stand ein Herd und in einem Zimmer war ein Kachelofen mit einer Lüftung in das Schlafzimmer, damit es im Winter nicht zu eisig kalt wurde. In dem anderen Zimmer stand ein kleiner Ofen. Die Ofenrohre wurden möglichst schwungvoll durch den Raum gelegt, weil sie so sehr viel Wärme abgeben konnten. Das bedeutete in der kalten Jahreszeit drei Feuerstellen anzulegen, wenn man es warm haben wollte. In den großen Wohnblocks waren also pro Mietwohnung mindestens drei Feuerstellen mit Kohle. Der Rauch stieg ungefiltert in die Luft. Deshalb musste man wenigstens einmal am Tag unbedingt die Ohren und den Hals waschen, sonst lief man schmutzig herum, es war nicht zu übersehen. Das war eine Luftverschmutzung, die man ganz klaglos hinnahm, man kannte es nicht anders.
Die Männer, die Hemden tragen mussten, hatten häufig steife Papierkragen, die an die kragenlosen Hemden angeknöpft wurden. Wer es sich leisten konnte, hatte einen großen Stoß Hemden mit Kragen, denn man brauchte täglich ein frisches Hemd.
Einmal in der Woche kam dann noch der Badeofen dazu. Samstags war Badetag. Am Nachmittag wurde angeschürt, damit das Wasser heiß wurde. Das Feuer wurde dann am Leben erhalten, bis das letzte Familienmitglied gebadet hatte. Im Badezimmer gab es noch kein Waschbecken. Über der Badewanne war ein Metallgestell, darin konnte man eine Waschschüssel einhängen. Für die tägliche Körper-

reinigung holte man sich in der Küche mit der Schüssel heißes Wasser und wusch sich so.
Fertiggerichte gab es auch nicht, jedes Essen musste selbst, oft mit viel Aufwand, zubereitet werden. Auch gab es keine Spülmaschine. Der Arbeitsaufwand in der Küche war immens. Für den Winter wurde fleißig eingekocht, wenn man Obst und Gemüse im Winter wollte, musste man selbst dafür sorgen. So wie heute, dass es Obst und Gemüse rund um das ganze Jahr gab, war damals undenkbar. Man hatte nur das, was regional verfügbar war. Im Sommer gab es Salat, Gemüse und Obst frisch, doch im Winter gab es nur das typische Wintergemüse - oder eben die eingemachten Konserven.
Limonade, Cola oder Fruchtsaftgetränke gab es nicht, man trank Wasser, Tee, oder zu besonderen Anlässen eine selbstgemachte Zitronenlimonade. Richtigen Bohnenkaffee, gab es auch nicht. Ganz Deutschland trank „Quieta-Kaffee.“ Es gab die Päckchen in gelb, blau, rot oder grün. Ein Ersatzkaffee, angeblich in verschiedenen Geschmacksrichtungen!? Meine Großmutter kochte nur sonntags Kaffee. Weil meine Großeltern arm waren, wurde der Kaffeesatz jeden Tag mit heißem Wasser übergossen, damit der Kaffeegeschmack erahnt wurde. Toilettenpapier war noch sehr teuer, deshalb zerschnitt man Zeitungspapier in handliche Vierecke, fädelte sie auf eine Schnur und so hingen sie an einem Nagel neben der Toilette.
Süßigkeiten waren Mangelware. Ich kann mich noch gut daran erinnern, wenn ich hungrig vom Spielen kam, dann bekam ich manchmal eine Scheibe Brot mit etwas Zucker darauf gestreut. Damit der Zucker garantiert nicht herunterfiel, „klebte“ ich ihn mit einigen Tropfen Wasser fest. Welch ein Hochgenuss!
Meine erste Banane probierte ich mit 6 Jahren, eine Schulkameradin hatte sie mir geschenkt. Sie wurde aufgeteilt unter uns drei Kindern. Ich fand sie damals zwar gut, aber ein bisschen mehlig!
Eine Frau hatte es damals nicht leicht, sie hatte nichts zu sagen, sie sollte Kinder kriegen und eine perfekte Hausfrau werden. Genauso wurde ich erzogen. Kinder hatten schon gleich gar nichts zu sagen.

„Wenn Erwachsene reden, haben Kinder zu schweigen und wenn Erwachsene etwas sagen, haben Kinder zu gehorchen!“ - Meine Schüchternheit wurde immer schlimmer. Wenn man nicht widersprach, hatte man keine Probleme. Mein Lieblingslied war: „Die Gedanken sind frei!“ Es war mein Ventil, für all das, was ich nicht sagen durfte.
Ein Teil unseres Wohnblocks war zerstört. Die Erwachsenen fanden das schrecklich. Ich nicht, in den vielen Ruinen blühten so viele schöne Blumen. Da gab es die hohen Königskerzen, den Goldregen, andere rosa Blümchen, Sauerampfer und viele Kräuter, manche davon konnte man sogar essen. Wir waren sehr genügsam, kein Kind würde heute solches Grünzeug essen. Ich hatte immer eine Sehnsucht nach dem Grün und dem Blühen in der Natur. Als nach vielen Jahren die Ruinen verschwunden waren, war ich sehr traurig, wegen den „schönen“ Blumen. Es blieb nur noch eine Steinwüste.

Ob aus mir noch was Gescheites wird?

Ich war ein zartes Geschöpf, es wollte so recht nichts aus mir werden. Auf die Klagen meiner Mutter antwortete der Arzt: „Was wollen Sie denn, es ist halt ein Kriegskind!“ Die Nachbarn meinten gar: „Sie geben wohl alles Ihren Buben, da bleibt für Ihr Mädchen nichts übrig?!“
Wenn es ungewöhnliche Krankheiten gab, ich hatte sie. Alle Kinderkrankheiten, ich nahm sie alle mit. Als ich etwa fünf Jahre alt war, war ich bei einem Kindergeburtstag in der Nachbarschaft eingeladen. Das war eine ungewöhnlich wohlgenährte Familie. Zu dieser Zeit gab es, wie bereits erwähnt, nur schlanke oder dürre Menschen. Das Geheimnis der guten Ernährung waren die vielen Pakete aus Amerika, da hatten sie Verwandte, die die Familie unterstützte. So kam ich bei dieser Geburtstagsfeier in den Genuss von köstlichen Buttercremetorten.

Doch am Abend ging es mir gar nicht gut. Als meine Eltern später nach mir schauten, lag ich blau verfärbt, bewusstlos und verkrampft in meinem Bettchen. Mein Vater brachte mich an der kalten Nachtluft wieder ins Bewusstsein zurück, während meine Mutter zum 100 Meter entfernten Telefonhäuschen rannte, um die Sanitäter anzurufen. Bis sie endlich da waren, musste ich drei Mal wiederbelebt werden, mein Herz hörte einfach zwischendurch auf zu schlagen.
Das Krankenauto fuhr mit hoher Geschwindigkeit über unsere Straßen mit Kopfsteinpflaster. Das hatte mir das Leben gerettet. Denn durch das holprige Pflaster musste ich mich übergeben und mein Vater und das Sanitätsfahrzeug rochen plötzlich wie eine Kaffeerösterei. Da wusste man endlich, was mit mir los war - ich hatte eine Koffeinvergiftung. Die köstliche Torte war, wohlgemerkt zum Kindergeburtstag, mit reinem Pulverkaffee aus Amerika gemacht worden! Pulverkaffee gab es hier nicht und ich hatte noch nie Kaffee getrunken. Die Kinder der Familie waren es anscheinend gewöhnt, ihnen ging es gut.
Als meine Mutter mich am nächsten Tag im Krankenhaus besuchte, erschrak sie zutiefst. Meine Augen hatten sich verfärbt. Die Pupillen waren rot und das ehemals Blau der Augen war Gelb. Geblieben ist mir bis heute davon eine undefinierbare Augenfarbe, die von graublau bis graubraun eingeschätzt wird, mit leichtem Gelbrand. Na, eben etwas Besonderes!
Die Menschen fuhren immer noch zum „Hamstern". Die Versorgung war noch lange nicht optimal. Auch mein Vater fuhr zu Bauern auf dem Land, um Kristall- und Silbergegenstände, Tischdecken und Bettwäsche, Hummelfiguren und Schmuck gegen Lebensmittel einzutauschen. Eines Tages durfte ich mitfahren. Ich war erst fünf, doch dieser Ausflug hatte sich eingeprägt, es war so ein schönes Erlebnis. Vom Bahnhof war es noch eine Stunde Fußmarsch über einen Hügel, mit Blick auf die Donau. Es grünte und blühte, es duftete nach Gras, es war für mich unbeschreiblich schön. Und ich wurde so herzlich empfangen. Da gab es einen Sohn, der ein Jahr

jünger war als ich, aber er war unglaublich „erfahren“ im draußen herumtoben, in den Scheunen auf die Leiterwagen zu klettern, in das Heu zu springen und sich, obwohl es verboten war, im Korn zu wälzen. Er ging zwischen den Pferden, den Kühen und den vielen Hühnern, Gänsen, Tauben und dem Hofhund ganz selbstverständlich umher, während ich ihm ängstlich folgte. Ich bewunderte ihn, was für ein toller Bursche! Ich dachte, so muss es im Paradies gewesen sein. Wir durften nicht wieder gehen, bis mein Vater versprochen hatte, dass ich in den nächsten Ferien eine Zeitlang bei meiner geliebten Tante Justine bleiben würde. Ich wusste ja nicht, dass Gott hier seine Hand im Spiel hatte. Diese Begegnung in dem kleinen Dorf mit dem merkwürdigen Namen „Schäfstall“ – komisch, ich hatte gar keine Schafe gesehen – sollte mein ganzes Leben beeinflussen.

Ich komme in die Schule…

Im Herbst dieses Jahres kam ich in die Schule. Ich wollte unbedingt auch lesen und schreiben lernen. Es war keine gute Entscheidung, ich war mit fünf Jahren die Jüngste in der Klasse. Es war kurz nach Kriegsende. Es gab viel zu viele Kinder und viel zu wenig Lehrer. Sehr viele der jungen Lehrer waren im Krieg gefallen, so versuchte man mit den verbliebenen alten Lehrern ein Bildungssystem aufzubauen. Die Klassenstärke betrug durchwegs 50 Schüler aller Altersstufen, da viele der Kinder während des Krieges keine Möglichkeit zu einem Schulbesuch hatten. Die Schulen waren fast alle teilweise zerbombt, so blieben nur wenige Räume zum Unterrichten übrig. Sportunterricht gab es natürlich auch keinen, es gab keine Turnhallen, oder geeignete Plätze. Diese Nachkriegsschulen waren wahrhaftig kein Ort der Geborgenheit.
Das Erste, was wir lernten, war: Auf dem Platz mit verschränkten Armen zu sitzen und ein Finger musste auf dem Mund sein, damit

man nicht in Versuchung kam, zu plaudern. Ich ließ mich dadurch einschüchtern, doch vor allem bei den Buben nützte es wenig. Doch ein Schlag mit dem Rohrstock auf die Finger oder das Hinterteil wirkte garantiert. Danach mussten die so Bestraften auch noch den Rest des Unterrichts in der Ecke stehen, mit dem Gesicht zur Wand. Sie taten mir so leid, ich litt mit ihnen bei jedem Schlag und Schrei. Ich war sehr eingeschüchtert und wollte auf keinen Fall dasselbe erleiden, deshalb war ich immer sehr brav.
Doch es gab auch lobenswerte Dinge zu berichten. Massenimpfungen wurden anberaumt, gegen Pocken und Diphterie. Ich sehe heute noch die langen Schlangen von Kindern durch das ganze Schulhaus. Die Spritzen damals waren Folterinstrumente. Immer wieder sterilisiert und wiederverwendet, die Nadeln stumpf und dick. Da fing das erste Kind zu schreien an und alle stimmten mit ein, aus lauter Angst.
Das Beste aber waren die „Quäker-Speisungen". Amerika hatte ein Programm für die unterernährten deutschen Kinder aufgebaut. In der Pause gab es für jeden ein Fläschchen Milch oder Kakao, manchmal auch Erbseneintopf oder Ähnliches.

Kirche, Religion und Schule damals

Mein Vater war katholisch, meine Mutter evangelisch. Als sie heirateten, wurden sie katholisch getraut. Man musste sich verpflichten, die Kinder ebenso katholisch zu erziehen, sonst wurde die kirchliche Trauung abgelehnt. Also waren wir Kinder katholisch. Mein Vater brachte uns ein Abendgebet bei und wir gingen sonntags gemeinsam, das heißt ohne meine Mutter, in die Kirche. Sie sagte immer, dass evangelische Christen nicht in den Gottesdienst müssten. Das akzeptierten wir. Leider waren die Gottesdienste nur lateinisch, man verstand gar nichts. Dazu standen die Priester auch noch sehr weit entfernt am Hochaltar, mit dem Rücken zu den Gläubigen. Es war eine

sehr unpersönliche, äußerst langweilige Angelegenheit für uns Kinder. Die einzigen Lichtblicke waren die Lieder, die in Deutsch gesungen wurden, da sangen dann alle dankbar und mit Begeisterung mit. Doch in den Jahren nach dem Krieg waren die Kirchen brechend voll. Die Menschen waren dankbar, dass endlich Frieden herrschte, dass sie überlebt hatten - und sie wollten solche schlimmen Zeiten nie mehr erleben. Da stand Gott noch hoch im Kurs!
Die Fronleichnams-Prozessionen brachten die halbe Stadt auf die Beine. Der Hauptmarkt war brechend voll mit Gläubigen und es dauerte den ganzen Vormittag, bis dieser unglaublich lange Prozessionszug wieder am Ausgangspunkt war.
In der Schule gab es auch Religionsunterricht. Als Religionslehrer hatten wir Franziskaner-Mönche. Bisher dachte ich, wir hätten einen lieben Gott, nun wurde uns erzählt, dass wir für alles, was wir falsch machen, bestraft werden. Für jede lässliche Sünde kommt man in das Fegefeuer, für jede Todsünde kommt man in die Hölle. Mir wurde angst und bange. Was durfte man denn überhaupt noch, wenn es so gefährlich war. Ich wollte auf keinen Fall in die Hölle und schon gar nicht in das Fegefeuer. Ich wusste, wie sehr es wehtat, wenn man sich verbrannte. So war ich fest entschlossen, was immer auch geschehen würde, ich würde brav sein.
Die Lehrer mochten mich, war ich doch ein sehr pflegeleichtes Kind, doch weckte dies zugleich den Neid der Mitschülerinnen. Wie man heute sagen würde, ich wurde gemobbt. Sie schwärzten mich beim Lehrer an und jubelten ihm ein obszönes Gemälde in meinem Heft unter. Dies veranlasste den Lehrer, meiner Mutter zu sagen, dass es Zeit wäre, mich aufzuklären. Jeder glaubte, ich hätte das gemalt und geschrieben. Ich war so fasziniert, die Worte zu entziffern, die ich noch nie gehört hatte, dass ich nicht widersprach. Mein Gehorsam ging so weit, dass ich mir alles gefallen ließ. Was war ich doch, aus heutiger Sicht betrachtet, für ein dummes kleines Mädchen! Ich traute mich nicht zu sagen, dass das schreckliche Gemälde und die komischen Sprüche nicht von mir waren. Wenn Erwachsene etwas sagten,

musste es doch stimmen. Doch immerhin erfuhr ich auf diese Weise, dass Babys im Bauch der Mutter wachsen und dass es Mann und Frau gibt. Was war denn dann mit dem Storch, brachte der jetzt die Kinder oder nicht? Aber das war auch die ganze Aufklärung. Nun wusste ich endlich, warum die Frau in der Drogerie so einen furchtbar dicken Bauch hatte! Sie lachte mit dem Ladenbesitzer und ich wunderte mich, weil ich doch dachte, sie hätte Wasser im Bauch, und das musste bestimmt furchtbar weh tun. Ich fragte meine Mutter und sie ließ mich in dem Glauben, dass die Frau zu viel Wasser im Bauch hätte. Das nennt man vertrauensbildende Maßnahmen!
Leider war dadurch mein Vertrauensverhältnis zu meinem geliebten Lehrer für immer zerstört. Er hatte wirklich gedacht, dass ich das „Gemälde" gemacht hatte, ich war so enttäuscht von ihm und schämte mich so sehr, weil er mich für so schlecht hielt. Auf die Idee, alles richtig zu stellen, kam ich nicht, es hatte mir niemand beigebracht.

Ich glaube, ich bin einfach dumm!

Manchmal kam ich mir reichlich dumm vor. Ich wurde in die Drogerie geschickt, um etwas einzukaufen. Als ich über die Straße sprang, entdeckte ich auf dem Kopfsteinpflaster etwas Glänzendes. Ich bückte mich und sah eine 50 Pfennig-Münze, sie blitzte silbern in der Sonne. Wem gehörte die wohl? Da gab es bestimmt Ärger, weil sie verloren war. Hoffentlich kommt derjenige zurück und findet sie wieder. Es war damals eine Menge Geld, soviel wie mein ganzes Taschengeld. Brot und Brötchen gab es für einige Pfennige, eine Wohnung war schon für 30 bis 50 Deutsche Mark (=300 bis 500 Pfennige) im Monat zu mieten. Ich rannte ganz aufgeregt nach Hause und erzählte mein Erlebnis. Ich wurde prompt ausgelacht, was ich doch für ein dummes Mädchen sei, da ich das Geld einfach liegen gelassen hatte. Mein Einwand wurde weggewischt: „Aber man darf doch nicht stehlen, das gehört doch jemand anderem!" Ich wurde belehrt, dass es da einen Unterschied gab. Ich rannte so schnell ich konnte wieder zu der Stelle auf der Straße zurück. Doch das Geld war natürlich schon nicht mehr da. Ich war einfach zu dumm!

Operation auf dem Wohnzimmertisch

In der 3. Klasse bekam ich plötzlich eine ganz dicke Backe. „Das ist sicher Mumps", meinte meine Mutter. Der Hausarzt wurde gerufen. Ich hatte Angst vor ihm. Er war groß, sehr hager mit einer spitzen Nase und er war nie freundlich zu mir. Er sprach immer nur mit meiner Mutter und erzählte unentwegt seine Kriegserlebnisse - wie er auf dem freien Feld zum Beispiel ohne Narkose Gliedmaßen amputiert hatte und ähnliche schreckliche Geschichten. Er nahm einfach keine Rücksicht auf mich. Er meinte, das sei ein Unterkiefer-Drüsenabszess. Nun musste meine Mutter täglich Kartoffeln kochen, sie wurden zerstampft, in ein Säckchen gefüllt und heiß auf mein geschwollenes Gesicht gelegt. Ich verstand nicht, warum, sollte es aber noch erfahren.

Eines Tages legte meine Mutter eine ungewohnte Geschäftigkeit an den Tag. Sie holte eine weiße, frischgebügelte Tischdecke aus dem Schrank und nahm die gebrauchte weg. Ich fragte: „Warum tust du eine frische Tischdecke auf den Tisch, kriegen wir Besuch?" Tischdecken wurden immer nur sonntags gewechselt, man musste sparsam mit der Wäsche umgehen. „Ach nein, sie war nur schon voller Flecken." Irgendwie war ich misstrauisch, aus gutem Grund. Auf einmal schellte es an der Türe und der Hausarzt in Begleitung seiner Tochter kam herein. Die Tochter studierte Medizin, was wollten die denn hier, zu zweit? Keiner nahm mir meine Angst. Ich musste auf den Wohnzimmertisch klettern. Dann verlangte der Arzt von meiner Mutter ein Teesieb und ein frisch gebügeltes Taschentuch. Ich musste mich hinlegen, niemand sprach mit mir. Er legte das Taschentuch

in das Teesieb, zog ein Fläschchen aus seiner Aktentasche und sagte zu mir: „Fang an zu zählen.“ Dann hielt er das Teesieb über meine Nase und tröpfelte eine Flüssigkeit hinein. Es stank fürchterlich.
Als ich aufwachte, lag ich wieder auf der Couch, mit einem Verband auf der Backe. Dieser Arzt hatte mich tatsächlich auf dem Wohnzimmertisch operiert, ohne jegliche hygienische Vorkehrungen. Im Straßenanzug, ohne Hände vorher zu waschen, genau wie im Krieg auf freiem Feld. Ich dachte, ich hätte alles überstanden, es war aber noch nicht alles. Zwei Tage später kam der Arzt wieder, um den Verband zu wechseln. Dabei zog er einen ½ Meter langen Mullstreifen aus der Operationswunde. Ich schrie, ich weinte! Keiner hatte Mitleid mit mir, ich war mit meinen Schmerzen und meinem Schock allein. Nur die Stärksten überlebten! Gehörte ich auch dazu?
Nach einem halben Jahr hatte ich den gleichen Abszess auf der anderen Seite. Meine Mutter streikte, das wollte auch sie nicht noch einmal erleben! Dachte denn überhaupt niemand mal an mich? Trösten, in den Arm nehmen, Fehlanzeige! Nun wurde ich in einer Kinderklinik operiert. Warum bereitete man die Kinder nicht auf so etwas vor? Das waren traumatische Erlebnisse. Es sollten nicht die letzten sein.
Bei der zweiten Operation wurde ein Gesichtsnerv verletzt. Als ich die Erstkommunion hatte, hatte ich ein schiefes Gesicht. Dank sei Gott, dass es sich wieder normalisiert hatte. Eine Klassenkameradin hatte dieselbe Operation, sie hatte eine vollkommene Gesichtslähmung auf einer Seite. Das bedeutete, dass sie auch das Auge nicht schließen konnte. Sie hat es heute noch, es entstellt völlig. Sie tut mir so leid!

Erstkommunion und andere Traditionen

Nun war er also da, der große Tag, meine Erstkommunion. Für mich war das Schönste daran, im weißen Kleid und einem Kranz im Haar herumzulaufen. Da wurde man beachtet, man stand im Mittelpunkt. Ich war sehr glücklich. Ich bekam Geschenke, bereits für die Aussteuer, aber das war egal, es war einfach schön. Ich besitze heute noch kleine Vasen und Dosen aus Porzellan, die ich damals geschenkt bekommen hatte. Man dachte nach dem Krieg sehr praktisch, man hatte fast alles verloren und Mädchen heirateten später sowieso! Und wer weiß, vielleicht kam auch wieder eine Zeit, wo man hamstern musste.

Ich verstand nicht, für was die Kommunion sein sollte. Die Franziskaner-Mönche hatten kein großes Geschick, den Kindern Gott zu erklären. Dafür war nach wie vor Strenge angesagt. Nachdem wir Kommunion hatten, war es Pflicht, alle 4 Wochen zur Beichte zu gehen, der Andrang war dementsprechend. Es war sehr belastend, doch ohne Beichte durfte man keine Kommunion empfangen. Dabei durfte man den ganzen Vormittag nichts essen. So kippten jedes Mal einige Kinder und auch Erwachsene um. Es wurde anhand von Beichtbildchen genau kontrolliert, ob man auch seine Pflicht erfüllt hatte.

Da tauchte für mich ein Problem auf, das mich in Gewissenskonflikte stürzte. Mir fielen, trotz aller Gewissenserforschung, keine Sünden ein, die ich begangen hatte. Ich war doch immer brav, ich tat niemandem etwas zu leide, ich kannte keine anderen Götter, ich gehorchte meinen Eltern, ich quälte keine Tiere, ich hatte niemanden umgebracht, gestohlen hatte ich auch nicht, die Ehe hatte ich auch nicht gebrochen und gelogen hatte ich auch nicht. Ich konnte einfach nicht lügen, auch wenn ich eine Strafe befürchten musste, blieb ich bei der Wahrheit.

„Lügen haben kurze Beine." Daran glaubte ich fest und stellte immer wieder fest, welche Probleme manche Kinder bekamen, wenn sie gelogen hatten. Es war viel einfacher, die Wahrheit von vornherein zu sagen, dann musste man sich auch nicht merken, welche Geschichte man erfunden hatte, es kam ja sowieso alles irgendwann raus.

Doch dann stieß ich auf eine Sünde, die mir relativ harmlos erschien: Unkeusche Dinge tun oder denken. Ich hatte keine Ahnung, was das war, aber es klang nicht so schlimm. Dass ich keine Sünden hatte, würde mir kein Pater glauben, also beichtete ich diese Sünde und damit alles seine Richtigkeit hatte, kam zum Schluss: „Ich habe gelogen". Zumindest das stimmte. Sehr zufrieden mit mir betete ich dann meine Bußgebete. Ich hatte alles richtig gemacht, dachte ich.

„Ich hasse die Lüge, sie ist mir ein Gräuel, doch deine Weisung liebe ich." *Ps 119,163*

Ein Jahr nach der Erstkommunion war dann bereits die Firmung. Wieder eine Massenabfertigung. Man hatte keine Wahl - und die Kleider mussten noch passen. Einen neuen „Sonntagsstaat" konnten sich die Leute damals nicht leisten. So gingen wir in unseren Kommunionkleidern auch zur Firmung. Ich begriff überhaupt nichts. Ich war 10 Jahre alt, was war eine Firmung überhaupt? Man erzählte uns etwas vom Hl. Geist, der dann auf uns kommen würde. Selbstverständlich in Gestalt einer Taube, das verstand ich. Aber warum eigentlich?

Kurze Zeit später war eine große Feier in unserer Gemeinde. Der Pfarrer und oberste Pater der Franziskaner-Mönche hatte Goldenes Priesterjubiläum. Meine ehemalige Kindergartenschwester hatte mich als „Primiz-Bräutchen" ausgewählt, weil ich so gut Gedichte aufsagen konnte. Zum Glück passte mir noch immer das Kommunionkleid, ein wichtiger Faktor. Wochenlang musste ich ein sehr langes, sehr kompliziertes Gedicht üben, das ich teilweise nicht verstand. Bei der Feier war halb Nürnberg auf den Beinen. Feste gab es zu dieser Zeit sehr selten, deshalb nutzte man alle Gelegenheiten zum Feiern.

Trotz schrecklichem Herzklopfen machte ich meine Sache gut, vor den ganzen versammelten Geistlichen und Gästen. Ich durfte das goldene Krönchen bis in den abgesperrten Bereich vor dem Altar tragen - eine Tabuzone für den normalen Kirchgänger. Eigentlich hatte ich erwartet, dass sich der Pfarrer wenigstens bei mir bedanken würde, das machte man doch so, oder? Nichts dergleichen. Er blieb weiterhin die unnahbare Eminenz im Hintergrund.
Die Belohnung bekam ich dann von meiner Kindergartenschwester: ein Beichtbildchen mit seiner Unterschrift hinten drauf! Ich war sehr enttäuscht. Kinder waren einfach nichts wert! An diesem Tag beschloss ich, sehr schnell erwachsen zu werden.

Ich will erwachsen werden – in dieser Familie?

Nach vier Klassen Volksschule, so hieß die heutige Grundschule damals, bestand kein Zweifel, dass ich auf die Oberschule gehen würde (heute: Gymnasium). Ich hatte als Klassenbeste ein ausgezeichnetes Zeugnis. Das lag vor allen Dingen daran, dass ich alles tat, um Liebe und Zuneigung zu erhalten. Wenn ich gute Noten schrieb, lobten mich meine Eltern - und ich war glücklich. Mit der Zeit fand ich Gefallen am Lernen, es machte mir Spaß, viel Neues zu erfahren. Mehr zu wissen als meine Klassenkameraden, erfreute mich.
Ich war sehr stolz, dass ich nach bestandener Aufnahmeprüfung in die höhere Schule durfte. Meine Freude war aber schon nach ein paar Tagen einer angstvollen Erwartungshaltung gewichen. Es waren wieder so große Klassen, doch diesmal große Kinder. In meiner Klasse, es war eine reine Mädchenschule, waren die Kinder teilweise 3 Jahre älter. Wenn sie herumtobten, rannten sie die Kleinen einfach um. Das Schulgebäude war zur Hälfte zerbombt, es gab nur einen Treppenaufgang. In den Pausen erreichte ich den Schulhof oft erst, wenn die Pause schon vorüber war. Doch der Aufenthalt im Pau-

senhof war mir gar nicht so wichtig. Ich wurde von den Großen ständig umgerannt, es war so ein Gedränge auf kleinstem Raum.
Der Platz war asphaltiert. Darauf fand auch die Leichtathletik statt. In einer Ecke stand ein einziger verkümmerter Baum, daneben eine Sprunggrube. Der Anlauf zum Springen war ebenso auf Straßenasphalt. Ich war froh, wenn wir wegen schlechten Wetters in eine Turnhalle mussten. Dazu mussten wir aber erst zum nächsten Schulhaus laufen.
Es gab nur alte Lehrer mit schlechten Nerven. Fragen war nicht erlaubt, wenn man es nicht verstanden hatte, hätte man eben besser aufpassen müssen. Einen persönlichen Kontakt mit einem Lehrer gab es nicht. Zweimal ein Heft oder Buch vergessen bedeutete einen Verweis, zwei Verweise waren eine Arreststunde. Dann kamen der Direktorats-Verweis und Schulausschluss. Offenbar wurde man mit den vielen Kindern nur mit äußerster Strenge fertig. Ich fürchtete mich jeden Tag vor der Schule.
Dazu kam noch der weite Schulweg. Es fuhr zwar die Straßenbahn, doch die war so überfüllt, dass man manchmal auf die nächste warten musste. So hingen die Menschen außen in Trauben auf den Trittbrettern. Wenn ich es in die Straßenbahn geschafft hatte, wurde ich an jeder Haltestelle weiter nach innen geschoben. Wollte ich aussteigen, war meine schwere Aktentasche zwischen den Menschen eingekeilt. Rücksichtnahme gab es nicht, jeder war sich selbst der Nächste. So konnte ich schweißgebadet die Bahn oft erst verlassen, wenn sie schon wieder fuhr. Man sprang dann eben ab. Möglich war das, weil es noch keine Türen gab. Es waren schwere Gitter, die nach oben arretiert wurden, manchmal waren auch meine Finger dazwischen. Deshalb lief ich lieber. Zu Fuß war es stressfreier, auch wenn es bedeutete, dass ich einen 35 Minuten-Fußmarsch mit einer viel zu schweren ledernen Aktentasche zurücklegen musste, immer entlang einer vielbefahrenen Hauptstraße. Nach 50 Metern musste ich stets die Hände wechseln, meine Arme wurden immer länger. Oft hatte

ich auch noch den Turnbeutel und einen großen Zeichenblock zu tragen. So war ich ständig erschöpft, es ging über meine Kräfte.
Der einzige Lichtblick waren meine Ferienaufenthalte in Schäfstall. Da blühte ich auf. Die gute Luft, die Natur, meine liebevolle Tante Justine, die Tierbabys, die Milch frisch von den Kühen und Obst und Gemüse, soviel das Herz begehrte. Einmal durfte ich ein neugeborenes Ferkel in den Arm nehmen. Was für eine Wonne! Die Wärme, das zarte Wesen, die weiche Haut, es war ein höchst beglückendes Erlebnis. Ich hätte so gerne ein Tier gehabt, zum Streicheln und Liebhaben. Doch meine Eltern machten mir klar, dass dafür in unserer Wohnung kein Platz war, ebenso nicht für ein Klavier, das ich mir so sehr gewünscht hätte.
Das musste ich wohl oder übel verstehen, denn es gab ja nicht einmal Platz für Kinderzimmer. Meine Eltern hatten sich zur Hochzeit wuchtige Möbel vom Schreiner gekauft. Ein Schlafzimmer, ein Wohnzimmer mit Esstisch und ein Arbeitszimmer, in dem nochmals ein Esstisch stand. Ich schlief bis zu meinem 14. Lebensjahr im elterlichen Schlafzimmer, meine beiden Brüder im Wohnzimmer auf einer Couch, die jeden Abend ausgezogen wurde. Die Möbel hatten wohl die ganzen Ersparnisse meiner Eltern aufgebraucht, davon konnten sie sich nicht trennen. Es gab keinen Rückzugsort, kein Plätzchen, wo man einmal ungestört war, wo man sich einfach einmal hinlegen konnte, wenn man so erschöpft war wie ich nach der Schule. Tagsüber schlafen? Nein - wo gab es denn so etwas, das machte man in der Nacht.
Damals machte ich mir weiter keine Gedanken, es war einfach so. Ich lernte früh, mich mit den gebotenen Gelegenheiten zu arrangieren. Schließlich liebte ich meine Familie. Es machte mich glücklich, wenn ich ihnen eine Freude machen konnte. Ich gab mein winziges Taschengeld (anfangs 50 Pfennige) nie für mich aus, das machte mir keinen Spaß. Ich sparte das Geld und kaufte meinen Familienmitgliedern Kleinigkeiten zum Geburtstag. Es machte mir auch nichts aus, wenn ich von meinen Brüdern nie etwas bekam. Ich tat es nicht,

damit ich etwas im Gegenzug erhielt. Doch, eigentlich erhielt ich etwas im Gegenzug – Aufmerksamkeit. Manchmal dachte ich mir, wenn ich nicht da wäre, würde es niemandem auffallen. Oft wurde ich einfach vergessen, weil ich mich nie bemerkbar machte.
Einmal passierte an der Straßenbahn-Umsteigehaltestelle Folgendes. Die ganze Familie rannte los: „Kommt, die kriegen wir noch!" Unsere Linie stand auf der anderen Seite. Meine Mutter durfte zuerst hinein, dann die zwei Brüder, als Letzter schwang sich noch mein Vater auf das Trittbrett der anfahrenden Straßenbahn. Als er das Gitter schließen wollte, bemerkte er mich endlich, einige Meter entfernt. Meine kleinen Beine hielten solch einem Sprint noch nicht stand. Ich stand völlig verzweifelt auf dem Platz und die Tränen schossen mir in die Augen, wie sollte ich nur heimkommen? Ca.50 Meter weiter sprang mein Vater dann von der Straßenbahn ab und kam zu mir zurück. Kein liebes Wort, ich glaube er schämte sich für mich, weil ich so langsam gewesen war. Ich schluckte die Tränen hinunter und wartete stumm auf die nächste Bahn. Es wurde über den Vorfall kein Wort verloren. Ich fühlte mich wieder einmal schuldig und überflüssig.
Als ich etwa 10 Jahre alt war, hielt es meine Mutter für angebracht, dass ich zur Hausfrau ausgebildet werden sollte. Das bedeutete: nach der Schule einkaufen, bügeln, beim Essen kochen helfen, nähen, jeden Samstag die Schuhe putzen für 5 Personen, sauber machen, usw. Ich hasste einkaufen (damit ich an die „frische Luft" kam). Es bedeutete wieder schwere Taschen und Netze schleppen. Ob Kartoffeln, Mehl, Zucker, Obst, Gemüse oder Milch, alles wurde in verschiedenen Läden eingekauft. Metzger, Bäcker, Milchgeschäft, Lebensmittelgeschäft, Drogerie, Zeitungskiosk und Fischgeschäft, alle mussten aufgesucht werden. Die Milch wurde offen beim Milchhändler gekauft. Dazu brauchte man eine Milchkanne. Sie war aus Aluminium, hatte einen Deckel und einen Henkel, damit sie einfacher zu tragen war. Die Milch wurde mit einem Messbecher aus einem großen Tank in die Milchkanne geschöpft und so konnte man

sie nachhause tragen. Oft gab es Tränen, wenn ein Kind mit der Kanne stolperte und die wertvolle Milch auf den Boden floss. Lebensmittel, wie Zucker, Mehl oder Reis waren in den Geschäften in großen Säcken und die gekaufte Menge wurde in Papiertüten gefüllt. Obst und Gemüse trug man in den eigenen Netzen nachhause. Wenn man Bier wollte, wurden die Kinder mit einem Bierkrug zum nächsten Wirtshaus geschickt. Dann wurde das Bier offen über die Straßen getragen. Welche Erleichterung sind heute die großen Supermärkte.

Ich verrichtete alle meine Aufgaben klaglos und selbstverständlich. Rückblickend denke ich heute, es war alles für etwas gut, nur wurde ich beständig überfordert. Wenn ich einmal sagte, dass es mir nicht gut ging, oder dass ich Schmerzen hatte, hörte ich immer: „Wenn du früh aufstehst, musst du sagen, es geht mir gut, ich bin gesund, dann geht es dir auch gut.“ Bei mir half das nicht. Oder ein ganz toller Spruch: „Ein Indianer kennt keinen Schmerz!“ Oder: „Wenn du nicht daran denkst, hast du dann auch Schmerzen?“ Ich wurde immer stiller, immer introvertierter. Verstand mich denn niemand?!

Ich hatte nie jemand, mit dem ich über meine Probleme, meine Ängste reden konnte. Mein Vater war das halbe Jahr geschäftlich unterwegs, und wenn er zuhause war, hatte er als selbstständiger Kaufmann viel zu tun. Meine Mutter interessierte sich mehr für meine Brüder, sie durften machen was sie wollten. Mein großer Bruder übernahm nach und nach die Rolle des Haushaltsvorstands und Familienoberhauptes, da mein Vater ja so selten da war. Das fand meine Mutter sehr gut und tat alles, was er sagte. Leider führte das aber auch zu großen Problemen, als er immer älter und bestimmter wurde.

Ich dagegen war das Hausmütterchen, es war selbstverständlich, dass ich alle Wünsche der anderen Familienmitglieder erfüllte. Großeltern hatte ich eigentlich auch keine, zumindest keine, die mir einmal zugehört hätten. Meine Großeltern mütterlicherseits hatte ich nie gekannt. Sie waren schon vor meiner Geburt verstorben. Wenn sie noch gelebt hätten, wäre ein Kontakt auch nicht möglich gewesen, da sie in der DDR lebten und zu dieser Zeit keine Möglichkeit gegeben war, dorthin zu reisen. Die Verwandten meiner Mutter waren damit auch betroffen, ich kannte weder Tanten noch Onkel noch deren Kinder.

Meine Großeltern väterlicherseits lebten auch in Nürnberg. Die Oma war in Wahrheit die Stiefmutter meines Vaters. Wenn ich an sie denke, sehe ich sie immer bei uns neben dem Ofen sitzen. Sie war offenbar sehr krank. Ihre Haut war gelb und sie war nur Haut und Knochen. Sie war freundlich zu mir, aber sprach eigentlich nie. Sie saß immer mit geschlossenen Augen da und rührte sich nicht. Sie sagte, es sei ihr Herz, das ihr solche Probleme machte, weigerte sich aber, zu einem Arzt zu gehen. Sie war streng katholisch und die Vorstellung, sich vor einem fremden Mann ausziehen zu müssen (auch vor einem Arzt), war für sie undenkbar. Sie starb dann ganz jämmerlich an Magenkrebs, ihr Herz war so kräftig, dass sie nicht sterben konnte, obwohl sich bereits Fleischstücke von ihrem Körper lösten - so hörte ich die Erwachsenen reden!

Ich hatte mit meinem Wissensdurst die Augen und Ohren überall, die Erwachsenen unterschätzten mich immer. Was für ein entsetzliches Leiden, sie tat mir so unendlich leid! Mein Großvater war ein lebenslustiger Mann, er spielte leidenschaftlich gern Karten, trank auch mal ein Schnäpschen und rauchte gern Zigarren, wenn er welche geschenkt bekam. Doch mit Kindern gab er sich nicht ab. Es waren liebe Menschen, aber eben sehr reserviert.

Freundinnen, die ich als Vertraute hätte brauchen können, hatte ich immer nur für kurze Zeit. Meine erste beste Freundin zog nach München. In der Grundschule hatte ich eine wunderbare Freundin, doch sie lebte in einer Villa und ich war ihren Eltern nicht gut genug. Als wir 11 Jahre alt waren, kam sie in ein Nobelinternat, wo sie zur Dame erzogen wurde. Der Kontakt wurde abgebrochen. Es tut mir noch heute leid, wenn ich daran denke. Dann ging ich ins Gymnasium und hatte eine neue „beste" Freundin. Eines Tages war mein

Mathematik-Buch verschwunden, obwohl ich es vor der Pause noch in der Hand hatte. Die Angst vor einem Verweis saß mir im Nacken. Ich suchte überall. Meine Freundin unterstützte mich und lief mit mir zum Hausmeister und machte Vorschläge, wo das Buch sein könnte. Sie suchte mit mir eine Woche lang. Dann fragte mich die Lehrerin, ob denn das Buch wieder da sei. Ich verneinte. Da schaltete sich meine Freundin ein und sagte: „Hier, nimm doch einstweilen mein Buch, ich habe nämlich zwei!" – Es war mein Buch, alt und abgegriffen, nach zwei Vorbesitzern! Da stand noch der Name meines Bruders auf der Innenseite. Ich war wie vom Donner gerührt! Da suchte sie mit mir alle Winkel ab und hatte es selbst genommen. Das war in meinen Augen so gemein, so hinterhältig, ich konnte ihr nie mehr vertrauen.

Meine nächste Freundin machte mir manchmal das Leben schwer. Sie gab mir nie alle Hausaufgaben, wenn ich krank war und freute sich, wenn ich in der Schule keine Ahnung hatte. Große Zuneigung konnte ich zu ihr also auch nicht entwickeln.

Dann lernte ich im Krankenhaus ein Mädchen kennen, da war ich schon 18. Wir verstanden uns auf Anhieb. Ich war sehr froh, dass es sie gab. Doch sie hatte Lymphdrüsenkrebs und verstarb im Alter von 25 Jahren. Meine Trauer war groß.

Es war nicht verwunderlich, dass ich in meinen schulischen Leistungen immer mehr nachließ. Das ganze Umfeld war für mich ein einziger Schrecken, wie jeden Tag ein grauer Novembertag. Es war für mich doppelt schlimm, denn nur wenn ich gute Leistungen erbrachte, fühlte ich mich geliebt. Ich fühlte mich als Versager. So bemühte ich mich, wenigstens den Anforderungen zuhause zur Zufriedenheit nachzukommen. Diese ständige Überforderung schwächte mich und öffnete Krankheiten alle Türen.

Plötzlich bekam ich hohes Fieber. Unser alter „Militärarzt" wurde wieder hergebeten. Seine Diagnose war ganz einfach. Es sei eine unbekannte Krankheit, die noch niemand herausgefunden hatte. Einige Monate später hatte ich wieder hohes Fieber, mit Hautausschlag. Das sei diesmal eine Mischung aus Masern, Scharlach und noch einer Infektionskrankheit, die kenne man aber auch noch nicht. Ein Jahr später, wieder hohes Fieber, diesmal sei es einwandfrei ein Nervenfieber. Damit war alles klar, an eine Laboruntersuchung oder Überweisung an einen Facharzt dachte er nicht. Was für ein genialer Arzt! Seit diesen merkwürdigen Krankheiten war ich ständig müde, der normale Tagesablauf ermüdete mich sehr. Ich musste mich doppelt anstrengen, um mithalten zu können. Es hätte keinen Sinn gemacht, es meinen Eltern zu erzählen. Wenn das Fieber vorbei war, ging man wieder in die Schule, egal wie man sich fühlte. Sie hätten mich als Drückeberger angesehen!

Ein Ausflug, der zum Albtraum wurde

Dann kam ein denkwürdiger Tag. Ich war 11 Jahre alt und wir fuhren mit der Straßenbahn zum Eislaufen, anstelle des Sports. Es war eine willkommene Abwechslung. Aber für Schlittschuhstiefel wollte meine Mutter kein Geld ausgeben. Da gab es noch Stiefel, die mein großer Bruder während des Krieges getragen hatte. Ausgetretene, braune, hohe, geschnürte Lederstiefel, an deren Sohle sich vorsintflutliche Schlittschuhe anschrauben ließen. Den Schraubenschlüssel musste man immer mitnehmen, weil sie sich oft von der Sohle lösten. Ich schämte mich in dem Aufzug und beneidete meine Freundinnen um ihre schneeweißen, neuen Schlittschuhstiefel. Sportlich war ich begabt und ich lernte schnell einige Figuren zu fahren. Dann passierte es:
Ich versuchte, rückwärtszufahren, die spitzen Schlittschuhe blieben in einer kleinen Vertiefung hängen, sie lösten sich von der Sohle und ich fiel auf mein Becken, mit voller Wucht. Ich spürte es, da war etwas kaputt gegangen. Es tat sehr weh, aber ich stand sofort wieder auf und tat so, als wäre nichts passiert. Ich wollte nicht auffallen,

einfach ganz normal sein, wie die anderen Mädchen. Die Lehrerin hatte den Vorfall beobachtet, doch sie fragte nichts und ich traute mich nicht, ihr etwas zu sagen. Als ich dann sitzen wollte, tat es entsetzlich weh. Es war das Steißbein, wie ich später erfuhr. Aber ich biss die Zähne zusammen, niemand sollte davon erfahren, ich wollte nicht schon wieder krank sein.
Wäre es doch nur eine andere Körperstelle gewesen! Aber über das Hinterteil sprach man einfach nicht. Zuhause hatte ich Probleme, meiner Mutter zu sagen, was mir passiert war. Sie wollte einfach nicht mit solchen Dingen belästigt werden, dauernd hatte ich irgendetwas. Ihre Antwort war auch dementsprechend: „Das vergeht schon wieder!“ Was sollte ich denn nur machen? Ich konnte doch nicht allein zum Arzt gehen. Außerdem hätte ich nicht gewusst, wie ich es hätte sagen können. Ich schämte mich so sehr, eine Verletzung, ausgerechnet an der Stelle. Also behielt ich diese „Schande“ für mich und quälte mich bei jedem Sitzen. In der Schule, auf den harten Vorkriegsbänken, noch mit Tintenfässern, stopfte ich mir meine Jacke auf die Sitzfläche und versuchte, meine Sitzposition ständig zu verändern.
Es verging nicht von selbst. Nach einigen Wochen nahm ich einen neuen Anlauf, meiner Mutter von den Schmerzen zu erzählen, sie reagierte nicht: „Na so was?!“, sagte sie nur. Als mein Vater wieder einmal zuhause war, überlegte ich, es ihm zu sagen. Doch er hatte dann nie Zeit und außerdem konnte ich ihm doch nicht so eine heikle Geschichte erzählen, ich schämte mich, darüber zu sprechen. Außerdem wollte ich ihm nicht sagen, dass meine Mutter mich nicht beachtet hatte, das beschämte mich auch. Also blieb es mein Geheimnis, eines, das Auswirkungen auf mein ganzes Leben haben sollte. Was ich in diesem Alter noch nicht wissen konnte, war, dass ich durch die ständigen Schmerzen eine permanente Fehlhaltung einnahm, die wiederum zu schmerzhaften Muskelverspannungen im Schulterbereich führten. Das war der Beginn von dauerhaften Schmerzen, die ich für eine lange Zeit nicht mehr loswerden sollte.

Heinz – zum Ersten

Mein Bruder, der 2 ½ Jahre älter war als ich, hatte neuerdings einen Schulfreund, der gleich um die Ecke wohnte. Kamen sie zusammen aus der Schule nach Hause, stellten Sie sich unter unserer Wohnung an die Ecke des Hauses, weil sich da ihre Wege trennten, um zu plaudern. Ich musste meinen Bruder mehrmals rufen, damit er endlich zum Essen kam, doch sie ließen sich nie stören. Ich war richtig sauer auf den neuen Freund - Heinz hieß er. Bedeutete es doch, dass mir fast schlecht vor Hunger war, weil es ohne meinen Bruder kein Essen gab. Dieser Heinz sollte mir in der Zukunft noch mehr Probleme bereiten.
Als es kälter wurde, beschlossen sie, ihre Zusammenkunft in unser Wohnzimmer zu verlegen. Wir machten unsere Hausaufgaben am Wohnzimmertisch. Eigentlich wollten die Beiden auch Hausaufgaben machen, doch anstatt zu arbeiten, machten sie nur Blödsinn und lachten unentwegt. Wie sollte ich mich da auf meine Hausaufgaben konzentrieren? Ich musste – wegen denen! – ins andere Zimmer, wo noch nicht geheizt wurde. Ich fror trotz warmer Jacke erbärmlich, was mir Heinz nicht sympathischer machte. Das allerdings sollte sich einige Jahre später ganz gewaltig ändern.

Eine neue Ära beginnt

Inzwischen begann die 7. Klasse am Gymnasium. Jetzt kam auch noch Französisch zum Lehrplan, es gab noch mehr zu lernen, es belastete mich ungemein. Ich hörte, dass meine Freundin nach diesem Jahr von der Schule zur Mittelschule, heute ist das die Realschule, wechseln wollte, nachdem Mädchen doch sowieso kein Abitur brauchten. Mein Vater war von diesem Gedanken ganz angetan und

beschloss, dass ich mit ihr zusammen die Aufnahmeprüfung bei der Schule machen sollte. Ich sah einen Hoffnungsschimmer. Alles war besser als noch weiter in dieser schrecklichen Schule zu bleiben. Außerdem hatte ich sowieso kein Mitbestimmungsrecht.
So begannen wir zwei im Herbst mit der neuen Schule. Sie nannte sich damals „Institut der Englischen Fräulein“, die heutige „Maria Ward-Schule“. Eine katholische Schule, in der ein ganz anderer Geist wehte. Es gab Schwestern und weltliche Lehrkräfte. Sie waren auch streng, doch ich fühlte mich sofort zuhause.
Nun begann eine wunderbare Schulzeit, ich ging wieder gerne in die Schule und meine Leistungen besserten sich schlagartig. Ich wurde wieder Klassenbeste und ich hoffte, dass diese Zeit nie enden würde. Es gab da eine Sportgruppe, sie nannte sich DJK-Frauensportverein und wurde von unserer Sportlehrerin geleitet. Da machte ich mit, zwei Mal in der Woche ging ich abends nochmals zur Schule, weil es so viel Spaß machte. Es wurde Leichtathletik betrieben, doch auch Geräteturnen, Bodenturnen, rhythmische Gymnastik, Tanzen und wir spielten Theater. Ich war sehr stolz, dass ich die Hauptrolle der Hl. Maria und der Hl. Bernadette bekam. Alle Aufträge, die ich bekam, führte ich sehr gewissenhaft aus. Endlich hatte ich das Gefühl, ein nützlicher Mensch zu sein.
Die Krönung des Sportvereins war dann eine Busfahrt nach Holland, wo ein internationales Jugendtreffen stattfand. Wir fuhren durch Frankreich, Belgien bis nach Holland, wo wir in Gastfamilien untergebracht waren. Unterwegs besuchten wir viele Kathedralen in interessanten Städten und übernachteten in Jugendherbergen. Ein richtiges Abenteuer. Am schönsten waren die Abende in den Jugendherbergen, wo wir zusammen Ballspiele machten und bis in die Nacht im Kreis saßen und Lieder sangen. Diese Zeit wird mir ewig in Erinnerung bleiben.
Meine sportlichen Leistungen nahmen immer mehr zu. Ich fand großen Gefallen an den Ringen. Ich konnte „fliegen“, wenn ich bis

an die Decke schwang und mich dann um die Achse drehte. Es gab mir so ein Gefühl von Freiheit!

Man ist nicht krank!

Bis ich eines Tages von der Decke auf den Boden der Turnhalle fiel, auf den Rücken. Mir blieb die Luft weg, doch sonst hatte ich es ganz gut überstanden. Mein Selbstbewusstsein war sehr angekratzt. Ich konnte es mir überhaupt nicht erklären, ich hatte ganz bestimmt nicht losgelassen! Dann wurden die Beschwerden in meinen Armen immer massiver. Es kamen ständige Schmerzen in den Armen, die Hände verfärbten sich manchmal schneeweiß und waren eiskalt, oder sie wurden blau und dann fielen mir die Tasche, oder alles was ich in der Hand hatte, auf den Boden. Nachts wachte ich auf mit starken Schmerzen und ich konnte meine Arme nicht mehr bewegen. Mit Schulterbewegungen und Körpereinsatz merkte ich dann, wie wieder Leben in meine Arme kam. Das war also auch an den Ringen passiert. Damit war mein Ausflug in die Freiheit, zum „Fliegen", gestrichen.

Meine Eltern brachten mich zum Arzt. Ein Orthopäde war wohl der, der dafür zuständig war?! Ich wurde zum Röntgen geschickt, doch auf den Aufnahmen erkannte man nichts Ungewöhnliches. Also war ich gesund! Leider gab es noch kein MRT, da hätte man das Problem erkannt.

Nun begann für mich eine Leidenszeit. Niemand glaubte mir. In meiner Familie war man einfach nicht krank. Es war alles nur Einbildung. Ich litt sehr, denn nun hatte ich zu dem kaputten Steißbein, den davon resultierenden Muskelverspannungen und den ständigen Schmerzen in den Armen auch noch Lähmungserscheinungen. Konnte man sich das alles nur einbilden?

Ich kämpfte mit meiner ganzen Kraft gegen die gesundheitlichen Probleme an. Ich konnte mit niemandem darüber reden und wollte doch einfach nur so unbekümmert und normal sein, wie die anderen Mädchen in meinem Alter. Es fiel mir sehr schwer. Wenn sie Streiche ausheckten oder schlecht über andere redeten, konnte ich einfach nicht mitmachen. Ich stellte mir immer vor, dass ich das Opfer ihres Angriffs wäre, es hätte mir doch auch weh getan. Verpetzen oder lügen gab es bei mir nicht, ich konnte nicht aus meiner Haut, doch mitmachen kam für mich auch nicht in Frage. Bei einem späteren Klassentreffen im Erwachsenenalter meinten meine ehemaligen Mitschülerinnen: „Du warst immer etwas Besonderes!“ Das war mir nie bewusst und das wollte ich auch gar nicht sein, doch es erklärte die Bemerkung in meinem Abschlusszeugnis: „Ingrid hat eine für ihr Alter erstaunliche Charakterstärke.“ Wie kam ich dazu? Ich meinte immer, dass alle Menschen so sein müssten, wie ich. Hilfsbereit, ehrlich, gewissenhaft und treu. Ich glaubte immer an das Gute im Menschen und dass sie das, was sie sagten, auch so meinten. Ich wurde so oft enttäuscht, doch dieser Charakterzug ist mir noch heute eigen, nur gewöhnt man sich mit der Zeit an Rückschläge.

Es war eine große Belastung, dass ich so sensibel war. Wenn ich in ein Zimmer kam, nahm ich sofort die Atmosphäre wahr. Spürte ich „dicke Luft“, fiel es mir immer schwer, ungezwungen zu bleiben. Also blieb ich meistens freundlich, aber still, ich wusste nicht, wie man damit umging. Anderseits war diese Gabe aber auch ein Geschenk. Ich spürte immer, wie es einem Menschen ging, ich hatte sehr viel Einfühlungsvermögen, konnte gut zuhören und versuchte immer zu helfen, soweit mir das möglich war. Der Nachteil war nur, dass mich dann die Probleme der anderen Menschen so sehr beschäftigten, dass ich nicht mehr schlafen konnte.

Was mich schon sehr verwunderte, war, dass mich nie jemand fragte, was mir fehlte. Es war eigentlich ganz offensichtlich, dass ich mit Problemen zu kämpfen hatte. Wie oft musste ich meine Sitzunterlage verändern, ich wurde immer blasser und dünner, es musste doch auffallen, dass da etwas ganz und gar nicht in Ordnung war. Oft bemerkte ich die prüfenden Blicke meiner Lehrerinnen, doch nie

sprach mich eine auf meine Situation an. Ich wartete so sehr darauf, dann hätte ich ihnen alles erzählen können. Ich wartete umsonst.
Als wir dann Abschlussprüfung hatten, konnte ich die Schmerzen beim Sitzen nicht mehr ertragen. Ich kniete mich auf den Boden und schrieb auf meinem Stuhl weiter. Niemand interessierte sich dafür, auch nicht die Aufsichtspersonen.

Was soll aus mir werden?

Im letzten Schuljahr musste man sich überlegen, was man für einen Beruf erlernen wollte. Inzwischen war es auch an die Allgemeinheit durchgedrungen, dass es besser war, wenn auch Frauen einen Beruf erlernten. Ich konnte mir überhaupt nicht vorstellen, nicht mehr in die Schule zu gehen. Mein Wissensdurst war groß. Ich wollte so gerne weiterlernen, es gab doch so viele interessante Dinge im Leben, die hätte ich am liebsten alle gelernt. Doch, leider, die Schule ging zu Ende und ich musste mir überlegen, was ich werden wollte.
Der Familienrat trat zusammen. Ich kam mir vor wie vor einem Tribunal. Den Vorsitz hatte mein ältester Bruder, Beisitzer waren seine Frau, er hatte ein Jahr vorher geheiratet, und meine Eltern. Mein Bruder hatte inzwischen das Kommando in der Familie übernommen. Es kam deshalb immer öfter zu heftigen Streitigkeiten. Mein Vater hatte wohl zu spät versucht, wieder das Oberhaupt der Familie zu sein, diese Rolle war ihm einfach aus der Hand genommen worden.
Mein Bruder hatte auch bestimmt, dass ich meinen hübschen, vielbewunderten Pferdeschwanz abschneiden musste, wollte ich bei seiner Hochzeit dabei sein. Und er hatte mir angedroht, dass er meinen Ehemann aussuchen würde, ich hätte da nichts zu sagen. Das ging mir entschieden zu weit, doch ich hielt meinen Mund, um des

Friedens willen. „Die Gedanken sind frei!“ Ich liebte dieses Lied. Es war eine bedrückende Atmosphäre.
Nun wollte er auch noch bestimmen, was ich für einen Beruf erlernen sollte. Seine Frau tippte den ganzen Tag Kontonummern und Zahlungen, das könnte ich doch auch machen. Ich wehrte mich. Ich wollte mit Menschen in meinem Beruf zu tun haben, nicht mit Buchstaben oder Zahlen. Ich hatte sogar ernsthaft überlegt, bei den Maria-Ward-Schwestern einzutreten, da fühlte ich mich so angenommen und so geborgen, aber das zu sagen, dafür fehlte mir der Mut.
Es war nicht mehr zeitgemäß, an Gott zu glauben, man hätte mich vermutlich für verrückt erklärt. So beschloss ich, Kinderkrankenschwester oder Kindergärtnerin zu werden, auch Heimleiterin hätte ich mir gut vorstellen können. Doch das wurde entschieden abgelehnt. „Du meinst wohl, du bist etwas Besseres, das Büro ist dir nicht gut genug und fremden Kindern die Rotznasen zu putzen, das kommt gar nicht in Frage.“ Mein Bruder verstand einfach gar nichts. Den ganzen Tag Maschineschreiben hätte ich mit meinen kranken Armen auch nie geschafft. Es gab nur mechanische Maschinen, man musste schon fest draufdrücken, dass die Tasten anschlugen. Aber natürlich – ich war ja gar nicht krank, das hatte ich vergessen!
Dann versuchte ich es mit Sprachen, Englisch gefiel mir gut und gute Noten hatte ich in allen Fächern. Eine Schulfreundin wollte als Au-Pair-Mädchen nach England, das würde mir auch gefallen. Nun hatte ich zum Glück meinen Vater auf meiner Seite. Sprachen war seine Leidenschaft. Neben Französisch und etwas Englisch hatte er sich selbst Holländisch und Flämisch beigebracht, das brauchte er für sein Geschäft. Er schlug dann vor, dass ich erst in Nürnberg eine Sprachenschule besuchen sollte, um dann als Au-Pair-Mädchen in England weiter zu lernen.
Mein Vater tat mir leid, ich muss ihn in Schutz nehmen. Er hatte nie in einer richtig funktionierenden Familie leben dürfen, deshalb hatte er es auch nicht gelernt, mit solchen Problemen umzugehen. Als er 6

Jahre alt war, starb seine Mutter zusammen mit dem Baby im Kindbett. Es war ein jüdischer Arzt, den er für den Tod seiner Mutter verantwortlich machte. Sein ganzer Zorn richtete sich seitdem gegen die Juden. Auch als Erwachsener konnte er seine Voreingenommenheit nicht ablegen, ich hatte mich immer wieder vergeblich bemüht, mit Vernunftgründen zu argumentieren. Er fühlte sich ein Leben lang als Opfer. Dann kam der I.Weltkrieg und sein Vater wurde eingezogen. Nun wuchsen er und seine ältere Schwester bei der Großmutter auf. Sie musste für den Lebensunterhalt sorgen, ohne erlernten Beruf. Sie arbeitete in einem vornehmen Haushalt und brachte am Abend übriggebliebenes Essen mit nach Hause zu den Geschwistern. Tagsüber holten sich die Kinder oft weggeworfenes Essen aus den Mülltonnen, sie waren sich selbst überlassen und die große Schwester übernahm die Mutterstelle bei dem kleinen Bruder. Es tat mir in der Seele weh, wieviel er mitmachen musste, wie gut hatte ich es da heute.

Ich war so froh, ich durfte weiterlernen und kam fort von zuhause. Mein Bruder musste sich, wenn auch schimpfend, dem Beschluss fügen. Was ich da noch nicht wusste, war, dass sich die Direktorin meiner Schule bei meinen Eltern dafür eingesetzt hatte, dass ich doch unbedingt das Abitur machen sollte. Ich sollte auf das Gymnasium wechseln und sie bot an, dass ich kostenlosen Nachhilfeunterricht in allen Fächern bekäme, wo mir der gymnasiale Schulstoff fehlte. Das erzählte mir meine Mutter aber erst, als ich schon den Schulabschluss hatte. Ich verstand die Welt nicht mehr, ich war zutiefst enttäuscht. So eine Chance - und ich hätte so gerne weitergelernt. Meine Eltern hatten den Vorschlag abgelehnt, mich hatten sie nicht gefragt.

Wenn ich heute an damals zurückdenke, ist aber alles so richtig abgelaufen. Da hatte Gott schon seine Hand im Spiel. Mein ganzes Leben wäre anders verlaufen, wenn ich es hätte steuern können, so wie ich es mir vorgestellt hätte. Gott hatte andere Pläne mit mir, wie sich noch herausstellen sollte. Damals verstand ich das aber noch nicht.

Heinz – zum Zweiten

Mein großer Trost war mein Freund. Zu meiner eigenen Überraschung war es Heinz, den ich eigentlich überhaupt nicht leiden konnte, der Schulfreund meines Bruders. Wir waren uns bei der Hochzeit meines Bruders nähergekommen, er war als mein Partner eingeladen worden. Er entdeckte, dass aus mir inzwischen eine junge Frau geworden war, mit der man sich sogar ganz gut unterhalten konnte; und ich entdeckte, dass er eigentlich ein recht netter junger Mann war. Seit dieser Zeit gingen wir zusammen aus, manchmal ins Kino, in die Oper, zum Eis essen, oder einfach spazieren. Mit ihm konnte ich endlich auch über meine vielen Probleme reden. Er hörte mir zu, er gab mir Ratschläge und er war sich nicht zu schade, mir meine Handtasche in aller Öffentlichkeit zu tragen, weil sie mir ja immer aus der Hand rutschte. Es war für mich ein solcher Trost, endlich mit jemandem reden zu können.

Heinz wollte Polizeibeamter werden und war in München zur Ausbildung. Ich konnte es immer kaum erwarten, dass er wieder einmal frei hatte und ich mit ihm reden konnte. Ich besuchte inzwischen eine Sprachenschule, täglich fünf Stunden und zuhause gab es dann jede Menge Hausaufgaben.

Selbstverständlich musste ich auch daheim weiter im Haushalt arbeiten. Ich hatte sogar ein schlechtes Gewissen, weil ich noch kein eigenes Geld verdiente und auf meine Eltern angewiesen war. So nähte ich mir meine Garderobe selbst, billige Stoffe gab es immer wieder und Nähutensilien waren zu dieser Zeit sehr günstig zu haben. Der Vorteil war – ich hatte lauter „Designerkleidung“. Keiner hatte solche Kleider wie ich, doch diese Arbeit war für meinen Schultergürtel Gift. Ich musste ständig ins Kurbad (das waren die heutigen Physiotherapien) zur Massage und zu Heilbädern, mit wenig Erfolg.

Auf nach England

1959 war es dann endlich so weit. Ich hatte die Prüfung an der Sprachenschule mit Bravour bestanden und ich hatte eine Familie in Birmingham gefunden, die ein Au-Pair-Mädchen suchte. Es war eine Arztfamilie mit 4 Kindern, Hund, Katze und Kaninchen. Ich freute mich sehr auf mein neues Leben, Angst vor Neuem hatte ich nicht, ich freute mich auf ein neues Leben, auf neue Erfahrungen und ich war sehr froh, von meinem zuhause fortzukommen. Der Abschied von meinem Freund war schon schwer, aber man konnte nicht alles haben und wir versprachen, häufig zu schreiben.

Ich flog völlig ahnungslos auf eine Insel, zu Menschen, von denen man seinerzeit noch herzlich wenig wusste. Alles, was ich wusste, hatte ich aus Schulbüchern. Ich war mit noch nicht einmal 17 Jahren vollkommen auf mich allein gestellt in einem fremden Land. Alles musste ich selbst erledigen, die Schule, Behördengänge, Fahrten mit Bus oder Bahn. Da kam es mir zugute, dass ich schon zuhause in eine strenge Lehre gegangen war. Es ist doch alles für etwas gut! Im Haushalt konnte ich alles, zur Freude der Hausfrau, und ich wusste mir immer zu helfen, wenn Probleme auftauchten. Ich wurde sehr schnell erwachsen, das wollte ich ja schon immer!

Von der Arztfamilie wurde ich sehr herzlich aufgenommen, ich war zu einer zusätzlichen Tochter geworden. Es war für mich so ein Glücksfall. So lernte ich eine vollkommen intakte Familie kennen, wo man füreinander da war, wo man sich mit Respekt begegnete, wo man dem anderen zuhörte, wo man ihn ernst nahm und gute und ernstgemeinte Ratschläge gab. Genauso wollte ich es auch einmal machen, wenn ich eine eigene Familie hatte! Wenn ich einmal etwas zu spät nach Hause kam, machten sie sich wirklich Sorgen um mich, ein sehr ungewohntes, erhebendes Gefühl.

Zu meinen Plichten im Haushalt gehörte es, mich um die Kinder zu kümmern, das Haus sauber zu halten, auch einmal zu bügeln, Gartenarbeit, gelegentlich im Sommer und natürlich im Winter war es meine Aufgabe, die offenen Kamine zu versorgen. Jeder Kamin hatte einen eigenen Schlot. Es gab drei Feuerstellen in den Wohnräumen und zwei in der angeschlossenen Praxis, die aber von jemand anderem versorgt wurden. So ragten auf dem Hausdach fünf Schlöte in den Himmel. Man kann sich gut vorstellen, was für Kaminwälder in den Städten vorhanden waren. Wenn nun Nebel herrschte, was auf einer Insel häufig der Fall war, vermischte sich der Nebel = fog, mit dem Rauch = smoke und schon entstand der berühmt-berüchtigte „smog“.

Smog – mein erstes Abenteuer

Ich hatte das Privileg, den schlimmsten „Smog“ seit Menschengedenken zu erleben. Ein Erlebnis, das ich nie vergessen werde:
Ich war von einer Freundin zu ihrer Party eingeladen worden, am anderen Ende von Birmingham. Ihre Familie war verreist und sie hatten ihr erlaubt, eine Party zu veranstalten. An diesem Abend hatten aber auch meine Pflegeeltern ein großes Fest. Um mir dieses Vergnügen zu ermöglichen, hatten sie einen Babysitter engagiert. So starteten wir zusammen in den Nebel. Ich fuhr mit dem Bus, der Nebel wurde zusehends dichter. Dann musste ich umsteigen und es ging mehr aufs Land hinaus. Der Bus fuhr immer langsamer, durch die Scheiben sah man nur noch grau. Ein beängstigendes Gefühl beschlich mich, wie sollte ich da gut ankommen? An der nächsten Kreuzung blieb der Bus stehen. Es war unmöglich, etwas zu hören oder zu sehen. Der Schaffner stieg aus – mit einer großen Laterne - und ging langsam vor dem Fahrzeug her als Lotse. Schritt für Schritt kämpften wir uns durch diese undurchdringliche dicke Suppe. Nach endlos langer Zeit kam ich an der Endstation an und musste den Bus verlassen. Zu meiner Erleichterung war ich schon in der richtigen Straße. Mein Herz klopfte. Es war so unheimlich, ich war ganz allein

unterwegs, mit der Hand am Gartenzaun entlang. Schließlich war ich vor dem richtigen Haus. Was sollte ich nur machen, wieder umkehren? Der Bus war aber inzwischen schon weg, wie kam ich bloß wieder nach Hause? Unentschlossen schellte ich erst einmal. Die Tür flog auf und ich wurde von einer lärmenden, großen Menge Menschen empfangen. Meine Freundin versuchte gar nicht erst meine Sorge zu verstehen: „Bleib doch einfach über Nacht, wie die anderen, wir machen einfach die Nacht durch!" Und weg war sie, im Trubel untergetaucht. Ich kannte außer ihr keinen Menschen, mir wurde angst und bang. Ich konnte nicht so tun, als wäre alles bestens. Was würden nur meine Pflegeeltern sagen, wenn ich nicht pünktlich nach Hause käme. Ich wusste, dass sie sich um mich Sorgen machten. Ich konnte nicht ausgelassen feiern und sie in Sorgen lassen. So entschloss ich mich, wieder umzukehren, Richtung zuhause.

Was für ein verrückter Einfall war das denn! Mein Pflichtbewusstsein war stärker. Ich verließ die sichere Umgebung und stürzte mich in das Abenteuer meines Lebens.

Zu meinem Glück, oder Unglück, stand ein Bus an der Haltestelle. Das nahm mir die Entscheidung ab, umkehren oder heimfahren!? Ich wollte nur noch heim. Wir waren zwei Personen im Fahrgastraum. Der Nebel wollte sich einfach nicht lichten, er schien mir immer dichter. Doch schließlich waren wir an der Umsteigehaltestelle. Eine Gegend, in der sich kein anständiges Mädchen allein aufhalten sollte, so hatte man mir gesagt. Der Schaffner sagte noch, dass kein Bus mehr fahren würde, sie mussten alle einrücken, es war zu gefährlich bei dem Nebel. Die Anschlusshaltestelle war gleich um die Ecke. Ich sah nichts, nur das sehr diffuse Licht der Straßenlampe. Ich tastete mich an der Hauswand entlang, um nicht die Orientierung zu verlieren. Ich erreichte die Bushaltestelle, doch was nun? Ich war mutterseelenallein am Straßenrand, voller Angst. Was konnte mir nicht alles zustoßen?! Wie kam ich denn jetzt heim? Taxi? Die fuhren

auch nicht mehr. Telefonzelle, zuhause anrufen? Ich konnte kein Telefonhäuschen suchen, ich würde nie mehr zurückfinden. Diese absolute Stille war zum Fürchten. Meine Augen und Ohren schienen riesig groß zu sein, trotzdem hätte ich nicht einmal gehört, wenn jemand auf mich zugekommen wäre. Kein Fahrzeug auf der sonst stark befahrenen Straße, niemand war unterwegs, bloß so eine dusselige Deutsche, die zu gewissenhaft war. Wie blöd war ich denn wieder einmal! Mir saß die Angst im Nacken, ich hatte Gänsehaut, jeder Krimi war harmlos gegen meine lebhafte Fantasie. Ich verabschiedete mich schon im Geist von allen, die mich liebten.
Doch mein Schutzengel, den ich bis zu diesem Zeitpunkt noch nicht kennengelernt hatte, war nicht untätig gewesen! Plötzlich sah ich auf der Straße einen Lichtschein, da fuhr ein Bus auf der anderen Straßenseite. Wenn ich ihn nur stoppen könnte, nur weg von diesem Ort! Der Bus hielt an, das grenzte für mich an ein Wunder! Der Busfahrer rief zu mir herüber, was ich denn hier so ganz allein machen würde. Ich sagte ihm, wo ich hinwollte und dass ich nicht wüsste, wie ich nach Hause käme. Er meinte, das träfe sich gut, er müsste in den Busbahnhof einrücken, der sich bei meinem Zielort befindet. „Komm rüber und steig ein, ich nehme dich mit, du kannst hier nicht bleiben."
Das waren die schönsten Worte, die ich bis dahin in meinem Leben gehört hatte! Ich musste im dunklen Fahrgastraum sitzen, weil es eigentlich verboten war, jemanden mitzunehmen. Es war die schönste Busfahrt meines Englandaufenthaltes. Ich war so unendlich erleichtert und dankbar!
Den Weg nach Hause fand ich dann problemlos. Ich fand meine Pflegeeltern zuhause im Smoking und Abendkleid vor. Sie hatten sich schon große Sorgen um mich gemacht. Ihre Geschichte des Abends klang dann so: Sie waren mit dem Auto losgefahren, nachdem der Nebel immer dichter wurde, hatten sie Orientierungsschwierigkeiten. Also fuhren sie einem Auto hinterher, weil sie dachten, dieses hätte das gleiche Ziel. Als das Auto stehenblieb, stellten

sie fest, dass sie hinter diesem Auto in der Garage des Besitzers standen. Folglich fuhren sie nicht weiter, sondern kehrten um und verbrachten den Abend mit Warten auf ihr Au-pair-Mädchen. Ende gut, alles gut! Welch ein Glück, dass Gott so gut über uns wacht!

Ein Menschenleben ist so wertvoll

Auch in England hatte der reizlose, trübe und nasse Winter endlich ein Ende gefunden. Das Frühjahr kam mit voller Blütenpracht. Die Wälder waren übersät mit wilden Narzissen und Blauglöckchen, es ging einem das Herz auf. Wer einen fahrbaren Untersatz besaß, machte in seiner Freizeit Picknick im Freien. Die Stimmung im Land wurde merklich gelöster, die wärmeren Tage mit Sonnenschein taten ihre Wirkung.
Ich hatte mich inzwischen sehr gut eingelebt und genoss mein neues aufregendes Leben. Die Familie plante, einige Tage an der Küste von Wales bei der Großmutter zu verbringen. Ich durfte mitfahren und freute mich riesig. Es war ein richtiges Abenteuer: In den Personenwagen, einen Vauxhall, musste alles verstaut werden, was dabei sein sollte. Das Auto war für 5 Personen gebaut, doch 1960 nahm man das noch nicht so genau. So war vorne der Vater, als Fahrer, daneben die Mutter mit dem noch nicht einmal 1 Jahr alten Baby-Mädchen auf dem Schoß. Im Fond saß der „Rest", nämlich 3 Kinder und ich, also insgesamt 7 Personen. Da dachte sich niemand etwas dabei. Es gab noch keine Sicherheitsgurte, oder irgendwelche anderen Sicherheitsvorschriften, wie wir das heute kennen.
Die Fahrt dauerte lange, nur in der Nähe der Städte gab es breitere Straßen, die ein schnelleres Fortkommen ermöglicht hätten. Über Land gab es nur sehr schmale Landstraßen, gesäumt von hohen Hecken und Bäumen. Es gab viele unübersichtliche Stellen, weshalb man hochkonzentriert und vorsichtig fahren musste, was unserer Stimmung keinen Abbruch tat, wir wetteiferten beim Singen mit

englischen und deutschen Liedern. Ein Autoradio gab es zu dieser Zeit auch noch nicht.
Die Oma wohnte an der Küste von Wales, in der Nähe des Meeres. Ich war hell auf begeistert. Wir sahen viel von der Umgebung, schleckten Eis, spielten, freuten uns über die Urlaubstage. Bis, ja, bis sich über mir ein gewaltiges Unwetter zusammenbraute. Da war meine Freude dahin.
Es war ein trüber Tag, die Eltern beschlossen einen Ruhetag einzulegen. Nichts für kleine Kinder! So sollte ich mit den drei älteren Kindern einen Abstecher an das „beach" (den Strand) machen. Es machte mir Freude, mit den Kindern loszuziehen, mit zwei Mädchen im Alter von 10 und 6 Jahren und einem Jungen mit 8 Jahren.
Unter „beach" stellte ich mir einen Sandstrand vor. Ob es da einen Sandstrand gab, war an diesem Tag nicht zu erkennen. Vielleicht ganz da unten, wo die brodelnde Gischt war. Aus einem harten, dunkelroten Gestein waren eine breite Nische und tiefe Stufen herausgehauen worden. Die See war aufgewühlt, die Wellen prallten mit Getöse an die steilen Klippen und die Gischt lief über die oberste Plattform, auf der wir uns befanden. So konnte ich mit den Kindern nicht so viel anfangen, außer in den Spalten und Löchern, die mit Wasser gefüllt waren, nach kleinen Meeresbewohnern zu suchen. Den Mädchen machte es Spaß und sie liefen aufgeregt schnatternd neben mir her, um die Funde zu bewundern. Der Junge aber, nennen wir ihn der Einfachheit halber Billy, trottete nur missmutig hinter uns her. Die Hände hatte er in den Hosentaschen, er setzte ein sehr gelangweiltes Gesicht auf und ignorierte meine Bemühungen, ihn mit einzubeziehen. Es war eben nichts für einen 8-jährigen Jungen, ein Bolzplatz wäre ihm sicher lieber gewesen. Die Mädchen wollten meine Aufmerksamkeit und ich wendete mich wieder ihnen zu. Nach kurzer Zeit drehte ich mich um, um zu sehen, was Billy machte - - - er war weg!!!
Mein Herz machte einen Satz, Billy, wo bist du? Mädchen, wißt ihr, ob Billy etwas vorhatte, hat er etwas zu euch gesagt? Ratloses Kopf-

schütteln. Ob er uns einen Streich spielen wollte und sich irgendwo versteckt hatte? Ich suchte die Felsen mit den Augen ab, da gab es keine Möglichkeit, sich zu verstecken. Also rannten wir zu dem Weg, den wir gekommen waren. Etwa 100 Meter konnten wir überblicken: „Billy, Billy!“ schrien wir zunehmend verzweifelter. Er war einfach verschwunden. – Nun musste ich die letzte entsetzliche Möglichkeit ins Auge fassen!

War er etwa ausgerutscht und ins Meer gestürzt? Ich versuchte meine Panik vor den Mädchen zu verbergen, lief aber an den Klippenrand. An einem Holzpfosten war ein großer rot-weißer Rettungsring. Wenn er wirklich in der brodelnden Gischt war, wie sollte ich ihn mit dem Rettungsring retten? Ich starrte in das aufgewühlte Wasser - Billy, bist du da drin? Tauchte da ein Kopf auf? Ich konnte schwimmen, aber in diesen gewaltig schäumenden Wellen hätte ich keine Chance, sie würden mich an den Felsen zerschmettern. Billy konnte nicht schwimmen, es hätte ihm auch nichts genützt. Schwimmen war unmöglich! Den Rettungsring konnte ich auch nicht zielgenau werfen und wie hätte ich einem Kind, das um sein Leben kämpfte, klarmachen sollen, dass er sich daran festhalten musste. Eine Verständigung bei dem Lärm wäre auch unmöglich gewesen. Außerdem war ich schon immer im Werfen eine Niete. Konnte ich denn gar nichts richtig machen? Ich war verzweifelt! Meine Gedanken schlugen Purzelbäume auf der Suche nach einer Lösung.

Ich wußte nicht mehr weiter, Panik ergriff mich! Nur den Mädchen gegenüber stark sein, sie durften meine Verzweiflung nicht merken.

Die einzige Lösung war, nach Hause zu gehen und den Eltern gegenüberzutreten. Ihnen gestehen – Billy ist weg!?!?

Ich nahm die Mädchen links und rechts an der Hand, ich durfte sie nicht auch noch verlieren. Wir liefen im Eiltempo den Weg zurück. Noch etwa 100 Meter bis zum Haus der Großmutter. Da tauchte in der trüben, düsteren Luft in der Ferne eine kleine Gestalt auf. Rotblonde Haare, dünne nackte Beinchen in den kurzen Hosen –

„Billy, Billy!“ riefen wir voller Erleichterung, wie aus einem Mund. Er kam auf uns zu, ein zerknirschtes Häuflein Elend, eine Entschuldigung stammelnd. Da öffneten sich bei mir alle Schleusen und ich brach in Tränen aus. Die ganze Anspannung, meine ganze Verzweiflung, die große Erleichterung, Dankbarkeit und ein Gefühl des Versagens, alles strömte mit den Tränen heraus; und nebenbei hörte ich die Vorwürfe der sehr verständigen, 10-jährigen älteren Schwester.
Die Lösung war ganz einfach: Billy hatte sich schrecklich gelangweilt und hatte dann beschlossen, lieber wieder nach Hause zu gehen. Dort erwartete ihn eine gewaltige Standpauke seines Vaters, weil er uns verlassen hatte, ohne mir etwas zu sagen. Es war ihm nicht klar, dass ich die Verantwortung hatte und sehr besorgt sein würde. Er war eben noch ein Kind.
Alles, was ich zu Hause hervorbrachte, war: „Ich dachte, er wäre ertrunken!!“ Dann fiel ich auf mein Bett und konnte nicht mehr aufhören zu weinen. Stunden später war ich wieder fähig unter Menschen zu gehen. Meine Freude an den Urlaubstagen war dahin, ich war ein Stückchen ernster und erwachsener geworden. Vergessen habe ich dieses Erlebnis nie.

Alles gut in England?

Ich fühlte mich so richtig wohl. Zwei Mal in der Woche fuhr ich in das College in der Stadt, wo ich Abendkurse besuchte. Es machte mir richtig Freude, die Sprache so intensiv zu lernen. Selten hatte ich Gelegenheit, einmal Deutsch zu sprechen, ich vermisste es auch nicht. Ich war auf dem besten Weg, eine richtige Engländerin zu werden. Ich begriff, dass ich mich den Sitten und Gebräuchen in diesem Land anpassen musste, um von den Einheimischen akzeptiert zu werden. Es war nicht einfach für eine Deutsche, so kurz nach dem Krieg. Viele Engländer machten die Deutschen alleine für den letzten Krieg verantwortlich. Meine Schulfreundin spürte immer

wieder den Hass, der ihr entgegenschlug, man attackierte sie verbal, sie sei schuld an dem Krieg. Ich hatte, Gott sei Dank, sehr vernünftige und großzügige Pflegeeltern. Nie ließen sie mich spüren, dass ich einmal der „Feind“ gewesen war.
Der Briefverkehr mit Heinz wurde immer intensiver, ich begann ihn wirklich zu lieben. Wie sagte mein Pflegevater: „Absence makes the hearts grow fonder!“ Was bedeutete, dass eine Trennung erst die Wertschätzung und Liebe schafft. Recht hatte er! Ohne diesen Schriftverkehr wären wir vielleicht nie zusammengekommen.
Natürlich bemerkten meine „Arbeitgeber“ auch, dass mit mir etwas gesundheitlich nicht in Ordnung war. Als Arzt fragte er mich irgendwann, ich selbst hätte mir ja nie getraut, darüber eigeninitiativ zu reden. Also erzählte ich von meinem Problem, er versorgte mich mit Schmerzmitteln und dachte darüber nach, wie mir zu helfen war. Ich wurde zu einem Neurochirurgen geschickt und er kam durch eine einfache Untersuchung auf die Diagnose: „Scalenus Syndrom“. Tatsache war, dass die über Kreuz laufenden Muskeln unter meinen Schlüsselbeinen zusammengewachsen waren. Dadurch wurden die Blutgefäße und Nerven eingequetscht. Deshalb meine blauen Arme, deshalb die Lähmungserscheinungen und deshalb die ständigen Schmerzen. Es erklärte alles. Ich war so erleichtert, so glücklich! Auch wenn es bedeutete, dass ich zwei Mal operiert werden musste. Ich war doch keine eingebildete Kranke!
Ich schloss mein Studium als beste Ausländerin ab. Ich bekam das Cambridge Certificate of Proficiency, das mich berechtigte, als Lehrerin in England tätig zu sein. Das hätte mir sehr gut gefallen, doch mein Heinz machte mir klar, dass er auf keinen Fall nach England wollte und das gab den Ausschlag, dass ich wieder nach Nürnberg fuhr. Der Abschied fiel mir sehr schwer, ich konnte mich nicht entsinnen, so ein unbeschwertes und glückliches Jahr in meinem Leben gehabt zu haben. Doch ich hatte ein ganz wichtiges Papier in meiner Tasche, das mir Auftrieb gab, die Diagnose meiner Erkrankung.

Zurück in Nürnberg mit einer Diagnose

So bald wie möglich machte ich einen Termin beim Arzt aus. Dummerweise wieder bei dem, der mich schon einmal für gesund erklärt hatte. Ich kannte niemand anders und es half mir niemand. Ich drückte ihm die Übersetzung in die Hand, vollkommen überzeugt, dass er beeindruckt wäre. Weit gefehlt. Er las es und gab mir eine niederschmetternde Mitteilung: „Das glaube ich nicht. Erstens sind Sie noch viel zu jung (noch nicht einmal 18) und zweitens hat man das nie auf beiden Seiten!" Damit war ich entlassen.

Für mich stürzte eine Welt zusammen, alle meine Hoffnungen auf Heilung waren einfach weggewischt worden. Und jetzt?! Ich wusste nicht mehr weiter. Ich hatte inzwischen einen ziemlich hohen Schmerzmittelverbrauch. Ein Leben lang diese Schmerzen ertragen? Unvorstellbar! Was war mit meinem Beruf? Da musste ich an der Maschine schreiben, mit Armen, die ständig ihren Dienst versagten? Was hatte das Leben noch für einen Sinn? Ich musste mir eingestehen, dass mein Leben verpfuscht war.

Eines Abends lief ich ziellos durch die Straßen. Ich war so verzweifelt. Wer würde überhaupt um mich trauern, wenn ich nicht mehr da wäre. Meiner Familie war ich doch egal. Aber Heinz, er hatte immer versucht, mir Mut zu machen, mich zu trösten, er würde es nicht verstehen, wenn ich mir das Leben nehmen würde. Ich glaube, er liebte mich wirklich, auch wenn er das nie gesagt hatte.

Ich sehe mich heute noch auf dem Randstein der vielbefahrenen Straße stehen. Es war nass, kalt und dunkel. Es passte perfekt zu meiner Verfassung. Ich blickte auf die Lastwagen, die ganz knapp an mir vorbeifuhren, auf die großen Reifen. Wenn ich mich jetzt einfach fallen lassen würde, es würde nicht viel von mir übrigbleiben.

Dann dachte ich wieder an Heinz. Das konnte ich nicht machen, so ohne Abschied, er hatte ein Recht auf eine Erklärung. Mein Pflichtbewusstsein rüttelte an meinem Entschluss. Ich machte auf dem Absatz kehrt. Zuerst musste ich Heinz reinen Wein einschenken!

Am nächsten Morgen erhielt ich Post aus England. Eine Antwort auf meinen verzweifelten Brief an meine liebevollen Pflegeeltern. Sie machten mir Mut und luden mich kurzerhand ein, wieder nach England zu kommen. Dort würde die Operation stattfinden, die hier abgelehnt worden war. Was für ein Fingerzeig Gottes, es löste sich plötzlich alles so wunderbar auf! Mir fiel ein ganzer Felsbrocken vom Herzen!

Mein Vater war bereit, mir zu helfen, denn es war meine Chance auf ein normales Leben, das hatte er inzwischen eingesehen. So flog ich wieder in mein geliebtes England, mit den vielen wunderbaren Erinnerungen. Die Operation war ein voller Erfolg. Schon nach dem Erwachen sah ich auf einen ganz normal gefärbten Arm und es gab auch keine Lähmungserscheinungen mehr. Ich war voller Dankbarkeit. Diese Menschen hatten mir im wahrsten Sinn des Wortes mein Leben gerettet.

Nun war auch dieser Arzt in Nürnberg, zu dem ich wieder ging, bereit, mich zu operieren. Wie dumm kann man nur sein, heute verstehe ich mich nicht mehr! Zu meiner Entschuldigung muss ich sagen, dass ich mit nicht einmal 18 Jahren noch nicht viel von Ärzten verstand. Wie ich nach der Operation erfuhr, hatte dieser Arzt den ganzen Abend studiert, wie dieser Eingriff zu machen wäre. Es war seine erste Operation dieser Art gewesen. Wenn ich das vorher gewusst hätte, wäre ich bestimmt davongelaufen. Es kam, wie es kommen musste. Nach der Operation konnte ich meinen Arm nicht mehr hochheben, es war noch dazu der rechte. Große Aufregung bei dem Personal. Was war schief gegangen? Es hatte sich eine innere Blutung gebildet, die den Nerv ganz lahmlegte. Nun bekam ich täglich physiotherapeutische Behandlungen, um den Schaden wieder gut zu machen. Es dauerte über ein halbes Jahr, bis der Arm wieder normal funktionierte. Endlich ging es mir besser! Leben, ich komme!

Zukunftspläne

Nun planten Heinz und ich unsere Verlobung. Eine Hochzeit stand noch in weiter Ferne, denn zuerst brauchten wir genügend Geld, um einen eigenen Hausstand gründen zu können. Ich wollte nur noch von zuhause fort, ich hielt die ständig sich entwickelnden Streitereien nicht mehr aus. Außerdem schauten mich meine Brüder und meine Schwägerin nicht mehr an, seitdem ich aus England wieder zurückgekehrt war. Einfach so, ohne Erklärung. Ich tat trotzdem weiterhin alles für sie, was in meiner Macht stand. Ich wollte keinen Unfrieden und keinen Streit und wollte auch meine Eltern nicht noch mehr verletzen. Ich hoffte immer, dass das alles nur eine Eintagsfliege wäre, doch diese Fliege hatte das ewige Leben. Ich weiß bis heute nicht, was die Ursache war, warum die Familie mich so ablehnte und schlecht machte. Darüber sprach man einfach nicht.

Ich war offensichtlich das „schwarze Schaf" in der Familie. Sie machten sich über mich lustig, wenn ich in die Kirche ging, über meine Bekanntschaften, sie nützten meine Hilfsbereitschaft aus und waren neidisch auf alles, was ich machte und konnte. Es gab für mich keinen Zugang zu Ihnen, deshalb beschloss ich, meinen eigenen Weg zu gehen. Ich wollte ein Leben, das gottgefällig war, das passte aber nicht in die Vorstellungen meiner Brüder. Aber ich vergoss viele Tränen wegen ihnen, ich verstand sie einfach nicht und eine intakte Familie wäre mir sehr wichtig gewesen, die konnte es aber unter diesen Umständen nicht geben.

1964 war es endlich so weit. Wir wollten heiraten. Doch wohin sollten wir ziehen? Wir sahen uns verschiedene Wohnungen an, stellten aber fest, dass sie für uns allesamt viel zu teuer waren. Wenn man dann auch noch berücksichtigte, dass die Mieten laufend erhöht wurden, waren sie für uns unerschwinglich. Das Angebot meiner Schwieger-mutter, doch bei ihr einzuziehen, lehnte ich sofort ab. Da wäre ich vom Regen in die Traufe gekommen. Ich hatte nämlich unbeabsichtigt eine Debatte mitbekommen, wo die ganze Familie Heinz zu überzeugen versuchte, sich von mir zu trennen, weil ich schließlich eine kranke Frau wäre und er etwas Besseres verdient hätte. Was waren das alles für nette Leute, mit denen ich es zu tun hatte! Ich fragte mich oft, womit ich das alles verdient hatte. Nun, sie hatten keinen Erfolg bei Heinz, er wollte mich und sonst niemanden. Ein Onkel von Heinz hatte dann die rettende Idee. Am Fuße des Dillbergs, 60 km von Nürnberg entfernt, wurde eine neue Siedlung mit Reihenhäusern gebaut. Bei unserer Kalkulation stellte sich heraus, dass die monatliche Belastung nicht mehr sein würden als die Bezahlung der monatlichen Mietgebühren, die wir vorher in Betracht ziehen mussten - und das Schöne dabei war ja, dass die Belastung mit den Jahren abnahm und nicht zunahm, wie bei den Mieten.

Unabhängig – endlich, aber ...

So nahmen wir dieses Projekt in Angriff. Ich jubelte - das war genau das, was wir zu unserem Glück brauchten - die eigenen vier Wände. Endlich konnten wir unser Leben so leben wie wir es uns vorgestellt hatten. Fern von allem Streit und familiären Einmischungen. Wir wollten ganz einfach unser eigenes Leben haben.

Das hatte ich mir aber zu einfach vorgestellt. Wenn man mit der Familie weiter verkehren wollte, und das wollten wir natürlich, konnte man die Probleme nicht einfach unter den Tisch kehren.

Mit viel eigenem handwerklichem Engagement konnten wir die Kosten für unsere eigenen vier Wände in Grenzen halten und zogen nach der Hochzeit voll Freude und überglücklich in unser eigenes Häuschen. Es war zwar dort, wo sich Fuchs und Hase gute Nacht sagten, aber das war uns egal. Wir waren im siebten Himmel. Doch wie alle Paradiese auf Erden, hatte auch dieses seine Schattenseiten. Die Siedlung, noch im Entstehen, wurde mitten in die Landschaft gebaut. Das hieß, da gab es noch keinen Weg zum Bahnhof, der im Tal war. Da Heinz Schichtdienst bei der Polizei hatte, musste ich mit der Bahn nach Nürnberg fahren, um zu arbeiten. Ich arbeitete im Büro meines Vaters, weil ich es da leichter hatte. Leider wurde ich ja immer wieder krank und er drückte mal ein Auge zu, wenn ich eine Pause brauchte. Es machte mir keinen Spaß, aber ich verdiente das Geld, das wir dringend brauchten.

Um zum Bahnhof zu gelangen, musste ich an einem kleinen Wald entlanglaufen und dann quer über die Felder den Abhang hinunter. Im Sommer war das sehr schön, doch im Winter, wenn es stockdunkel war, brauchte ich eine Taschenlampe, versank manchmal bis zur Hüfte in den Schneewehen und oft brach mir der Angstschweiß aus, wenn ich ganz allein war und seltsame Geräusche hörte.

Trotzdem genossen wir unser Glück. Nur etwas fehlte noch, damit wir eine richtige Familie wären, wir wollten unbedingt Kinder. Doch das war gar nicht so einfach. Schließlich ließen wir uns beide untersuchen, ob es denn einen Hinderungsgrund gäbe. Der Grund lag – natürlich – bei mir. Ich hatte eine viel zu kleine, kindliche Gebärmutter. Ich würde nie Kinder bekommen und sollte sich da tatsächlich ein Fötus einnisten, würde ich ihn sowieso wieder verlieren, so der Arzt – eine niederschmetternde Diagnose! Ich war so unglücklich. Was war nur mit mir los? Brachte ich denn gar nichts zustande? Nicht einmal Kinder konnte ich kriegen! Die einfachste Sache der Welt!

Ich musste mich damit abfinden, auch wenn mir das sehr schwer fiel. Doch meinen Wunsch nach einer eigenen Familie wollte ich noch nicht aufgeben. Es gab so viele unerwünschte Kinder, da konnte man doch bestimmt eines adoptieren. Dieser Gedanke hielt mich aufrecht, an eigene Kinder dachte ich nicht mehr.

Eines Tages stellte ich fest: Ich war schwanger! Kaum zu glauben, doch der Arzt hatte mir mit seiner Diagnose Angst gemacht, deshalb musste ich mich sehr schonen. Ich gab sofort meine Arbeit auf, das Kind war uns wichtiger. Merkwürdigerweise hatte ich keine Angst, dass ich das Baby verlieren könnte, ich war so sicher – alles würde gut! So gut wie in der Schwangerschaft war es mir seit vielen Jahren nicht gegangen. Wir freuten uns so sehr auf unser Kind und ich konnte es austragen bis vier Wochen vor dem errechneten Geburtstermin. Ein vorzeitiger Blasensprung brachte die Geburt in Gang.

Mein Sohn

Es gab zu dieser Zeit noch keinen Ultraschall. Alles, was man kontrollieren konnte, war der Herzschlag des Kindes. Auch das Geschlecht war ein Geheimnis bis zur Geburt. Es war eine schwere Geburt. Der Geburtskanal war zu eng, trotz mehrmaligem Dammschnitt kam das Baby nur sehr schwer zur Welt. Mein Frauenarzt rief: „Frau Sporrer, wir haben einen neuen Polizisten, er hat schon die blaue Uniform an!“ (Unsere Stadtpolizei trug damals blaue Uniformen). Ich war schon erschrocken, als ich mein Kind sah. Es war blau von Kopf bis Fuß und der Kopf hatte die Form eines Eis, spitz zulaufend, mit einer platten Nase – so hatte ich mir das nicht vorgestellt. Du armer kleiner Kerl, was hat man dir angetan!
Die Form rührte daher, weil der Kopf durch den engen Geburtskanal so sehr gequetscht worden war - und die blaue Farbe kam daher, weil sich die überlange Nabelschnur um den Hals des Babys gewickelt hatte und es dadurch beinahe erstickt wäre.
Ich danke Gott, dass dieses Wunschkind trotz des schlechten Startes, nach einer Woche ein wunderschönes Baby wurde. Alles hatte sich normalisiert und unser Sohn hatte keine Geburtsschäden davongetragen. Wir nannten ihn Michael. Leider konnte ich mein Baby nicht so ausreichend stillen, wie ich es gerne gehabt hätte. Eine Brustdrüsenentzündung während der ersten Tage nach der Geburt ließ den Milchfluss beinahe versickern. Dazu kamen noch starke Schmerzen an der Dammnaht. Leider hatte der Arzt genau da einen Nerv erwischt. Die Schmerzen strahlten in das Bein aus, und ich konnte mich kaum bewegen. Erst nach Tagen war es möglich, den störenden Faden zu entfernen, sonst wäre die Naht wieder aufgegangen.

Dann spielte mein Kreislauf noch verrückt und ich konnte erst nach 10 Tagen entlassen werden.

Es hätte alles so schön sein können…

Wenn ich damals gedacht hatte, dass nun ein Leben mit eitel Sonnenschein für eine kleine glückliche Familie begann, so hatte ich mich gewaltig geirrt. Die Schwangerschaft war vorbei und mein schlechter Gesundheitszustand wieder da. Ich war wieder sehr schwach und begann zu zweifeln, ob ich überhaupt den Anforderungen einer Mutter gewachsen war. Es war eine schwere Zeit. Als ich mich einigermaßen an meine Mutterrolle gewöhnt hatte, musste ich mit starken Bauchschmerzen ins Krankenhaus. Mein kleiner Michael war gerade 5 Monate alt..

Wir brachten unser Baby bei meiner Mutter unter. Es ging leider nicht anders, mein Mann musste arbeiten Ich wurde am Blinddarm operiert. Danach ging es mir schlecht, ich hatte Durchblutungsstörungen der Herzkranzgefäße, die Ursache dafür waren vereiterte Mandeln, die sich in die Blutbahn entleerten. Also wurden auch noch die Mandeln entfernt.

In dieser Klinik kümmerte sich ein protestantischer Pastor liebevoll um die Patienten. Ich hatte lange Gespräche mit ihm und er vertraute mir seine größten Sorgen an. Ich versuchte ihm, so gut ich konnte, mit gutem Rat beizustehen. Er war sehr dankbar und schenkte mir zum Abschied ein Gebet, das mich die kommenden Jahre begleiten sollte. Ich betete es täglich und es baute mich sehr auf.

„HERR, wie Du willst, soll mir gescheh´n, und wie du willst, so will ich geh´n; hilf Deinen Willen zu versteh´n.

HERR, wann Du willst, dann ist es Zeit, und wann Du willst, bin ich bereit heut und in alle Ewigkeit.

HERR, was Du willst, das nehm´ ich hin, und was Du willst, ist mir Gewinn; genug, dass ich Dein Eigen bin.
HERR, weil Du´s willst, drum ist es gut; und weil Du´s willst, drum hab ich Mut. Mein Herz in Deinen Händen ruht.
Lieblingsgebet von Pater Rupert Mayer S.J., gestorben am Allerheiligentag 1945

Es berührte mich manchmal schon seltsam, dass mir die Menschen alles erzählten, was sie anderen Menschen nicht sagten. Wieso vertrauten sie mir so? Nie fragte jemand nach meinen Problemen, ich musste immer nur zuhören und mitfühlen und evtl. beraten, sofern ich es konnte.
Ich erholte mich sehr langsam. Dazu kam noch die seelische Belastung. Mein Ein und Alles, mein einziges Kind, hatte unter der Trennung von seiner Mutter sehr gelitten. Ich hatte ein ganz schlechtes Gewissen - wie hatte ich dieses kleine Wesen nur allein lassen können.

Er war ein ernstes Kind geworden und was noch schlimmer war, sobald ich ihn ins Bettchen legte, fing er an, mit dem Kopf gegen das Bettchen zu schlagen. Es dauerte Jahre und sehr viel Liebe, ihm das wieder abzugewöhnen.
Da beschlossen meine Eltern, mich und das Baby mit in den Urlaub nach Dänemark zu nehmen. Wir konnten uns bei unserer angespannten Finanzlage keinen Urlaub leisten. An der frischen Seeluft bekam ich wieder Kraft und konnte endlich meinen Alltag zuhause wieder eigenständig meistern.
Es folgten 3 unbeschwerte Jahre. Als unser Michael heranwuchs überlegten wir, wie es weitergehen sollte. Schließlich waren wir am „Ende der Welt“. Wir wollten auf keinen Fall, dass unser Michael auf Bahnhöfen herumlungern musste. Selbst in der Grundschule hätte er vom Dorf aus mit dem Bus fahren müssen. Auch der Kindergarten war in einem anderen Ort, ich hatte keinen Führerschein und mein

Mann war durch seinen Schichtdienst auf das Auto angewiesen. Noch dazu war es uns nicht gelungen, richtige Freundschaften in diesem Ort zu schließen. Alle guten Bekannten und alle Verwandten waren in Nürnberg. Da gab es Kindergärten, alle Schulen, Kirchen und alle Einkaufsmöglichkeiten. Wir beschlossen, wegen des Kindes wieder in die Stadt zu ziehen. Dieses Mal wollten wir aber kein Reihenhaus. Wir hatten schlechte Erfahrungen gemacht. Die Häuserzeile, in der wir wohnten, bestand aus 11 Reihenhäusern, mit durchgehenden Betondecken. Keine Isolation dazwischen. Von der einen Seite wurden wir Tag und Nacht mit handwerklichen Aktivitäten beschallt, von der anderen Seite mit lautstarken Liebesszenen. Das Paradies hatte doch seine Schattenseiten gehabt und wir wollten einen Neuanfang.

In Nürnberg im eigenen Haus – und wieder krank

Wir fanden in einem ruhigen Wohngebiet ein noch unbebautes Grundstück, das wir durch den Verkauf unseres Häuschens finanzieren konnten. Dann ging es los, mit sehr viel Eigenleistung. 1971 zogen wir in unser neues Zuhause. Es war wunderschön, große Räume, ohne unmittelbare Nachbarn, ebenerdig und ringsum einen Garten, den wir so nach und nach anlegten. Unser Michael bekam einen großen Sandkasten und ein Klettergerüst. Es beglückte uns, dass wir unserem Kind ein zuhause bieten konnten, das wir selbst nie hatten.

Die ganze Anstrengung ging nicht spurlos an mir vorüber. Nur ein Freund hatte uns beim Umzug geholfen, meine Brüder dachten gar nicht daran, sie waren neidisch auf unser Glück. Die Anstrengungen und harten finanziellen Engpässe sahen sie nicht. Unser Glück war es uns wert, auf Vieles zu verzichten.

Ich wurde wieder krank und musste erneut ins Krankenhaus. Viele Untersuchungen musste ich überstehen, bis sich herausstellte, dass

ich eine Nieren- und Nierenbeckenentzündung hatte. Wochenlange Antibiotika-Infusionen folgten. Unser Wunsch, noch ein Kind zu bekommen, wurde erst einmal auf Eis gelegt. Eine Schwangerschaft war bei dieser Erkrankung verboten.
Zur Erholung durfte ich erst einmal, mit meinem Michael, für einige Zeit nach Schäfstall. Zu diesem Zeitpunkt fand die Olympiade in München (1972) statt und mein Mann war dorthin für einige Wochen dienstlich abgeordnet worden. So machten wir Beide Urlaub auf dem Land. Michael war von dem Landleben genauso begeistert wie ich in seinem Alter. Nur interessierte ihn ein Traktor mehr als ein Tier. Eben ein Junge, der, als er noch nicht laufen konnte, doch schon die Autos kannte. Ein paar Jahre später verbrachte er alleine seine Oster- oder Pfingstferien auf dem Bauernhof. Das sollte später noch für Überraschungen sorgen.
Als ich wieder gesund genug war, um an ein zweites Kind denken zu können, tauchten wieder Probleme auf. Ich dachte, wenn erst einmal ein Kind da ist, wäre es viel einfacher mit dem nächsten. Nicht so bei mir. Auch ein Eingriff, bei dem die Eileiter durchgängig gemacht wurden, brachte nicht den gewünschten Erfolg.
Dafür tauchten neue gesundheitliche Probleme auf. Ich bekam laufend entzündete Lymphknoten, die Milz vergrößerte sich, dann wurde sie wieder kleiner, um sich erneut zu vergrößern. Dazu hatte ich immer leichtes Fieber und Herzrhythmusstörungen. Das musste abgeklärt werden. So war ich wieder im Krankenhaus. Eine Bauchspiegelung wurde angeordnet.

Untersuchung – ohne Narkose

Zunächst verlief alles so, wie man sich das vorstellte. Um 6.30 Uhr bekam ich ein Sedativum, um mich gleichgültig zu machen. Auf einem Tisch wurde ich an den Beinen und den Armen festgeschnallt.

Mein Protest wurde ignoriert. Dann schlief ich wie erwartet ein. Um 10.30 Uhr erwachte ich, putzmunter. Es war noch nichts geschehen, die Wirkung der Tablette war fort. Fast eine Stunde später erschien endlich der zuständige Arzt. Ich bat um eine erneute Sedierung, ich wurde einfach ignoriert. Ich wäre so gerne einfach davongerannt, ich hatte solche Angst. Doch die Gurte bewegten sich nicht.
Nun begann eine unmenschliche Tortur. Es wurden zwei Schläuche durch meine Bauchdecke gebohrt, dann wurde der Bauch aufgeblasen. Das war aber noch nicht alles, es wurden Gewebeproben von den Organen genommen. Nun wusste ich, warum ich so oft Hilferufe vernommen hatte. Ich schrie und versuchte mich aus den Gurten zu lösen. Der Arzt war sehr erbost, hatte er doch ein Organ verletzt, weil ich mich nicht still verhielt. Es blutete: „Müssen wir aufmachen?" fragte die Assistentin. Das fehlte mir gerade noch. Mein Herz raste, Angstschweiß brach aus, das war Folter!! Durfte man das überhaupt? Da konnte man doch dabei verrückt werden?! Dem Arzt gelang es, die Blutung zu stillen.
Als die Untersuchung vorüber war, stand ich unter Schock. Wie konnte man so etwas einem Menschen antun!?

Du bist gesund?!

Es gab keine richtig krankhaften Befunde. Nun ging das Spiel wieder los: Ich war gesund, ich bildete mir nur alles ein! - Das hatten wir doch schon einmal. Ich wehrte mich, mit dem Resultat, dass ich eine Behandlung in der Psychiatrie bekam. Wenn ich mich wehren wollte, sagten die Ärzte, dass ich mitmachen müsse, was angeordnet wurde. Ich wurde immer wieder in die Schublade der eingebildeten Kranken geschoben. Meine Einwände, dass man sich keine große Milz, entzündete Lymphknoten und kein Fieber einbilden konnte, wurde nur als dummes Geschwätz abgetan. Der ehrenwerte Professor behandelte mich wie ein ungezogenes Kind. Ich hatte starke Herzrhyth-

musstörungen und Herzjagen. Er verbot der Krankenschwester, sich um mich zu kümmern und meinte ganz herablassend: „Ach, das bilden Sie sich doch nur ein!“ Er ließ mich einfach liegen, ohne sich zu überzeugen, was mir fehlte. Das war unterlassene Hilfeleistung! Ich bekam Angst, dass ich dort nicht mehr lebend herauskommen würde. Wenn ich nicht so krank gewesen wäre, hätte ich ihn wirklich anzeigen sollen. Doch ich wollte nur noch fort. Am nächsten Morgen teilte ich ihm mit, dass ich nach Hause gehen würde, ich fürchtete um mein Leben. Er hatte für mich nur ein müdes Lächeln übrig. Und dann wurde ich regelrecht erpresst, sollte ich wieder einmal dieses Krankenhaus aufsuchen wollen, müsste ich mich psychiatrisch behandeln lassen. Ich war noch zu unerfahren im Umgang mit merkwürdigen Ärzten und immer noch viel zu folgsam.
Ich geriet an einen Psychiater, der mich jedes Mal fertig machte. Was ich auch sagte, er legte es anders aus. Wenn ich sagte: „Das habe ich doch alles nicht gesagt, warum erzählen Sie solche Sachen?“ Gab er mir immer zur Antwort: „Aber das haben Sie gedacht!“ Ein Hellseher offenbar! Meine Empörung wich immer mehr Resignation und Verzweiflung. Er brachte es fertig, dass ich beinahe nicht mehr wusste, ob ich „Männlein oder Weiblein“ war. Dann entschloss er sich plötzlich, dem Spuk ein Ende zu setzen, offenbar hatte er mich genug gequält. Nicht jedoch, ohne mir zum Abschied noch den „Todesstoß“ zu versetzen. Er erklärte mir, dass ich alles in meinem Leben falsch gemacht hätte. Dass ich kein Verlangen gehabt hätte, mit anderen Männern zu schlafen außer mit meinem Mann, sei nicht normal. Mein Leben sei vollkommen verpfuscht und meinem kleinen Sohn hätte ich seelischen Schaden zugefügt, der nicht wieder gut zu machen sei und so weiter… .
Ich weiß nicht mehr, wie ich aus dem Haus kam, ich ging wie in Trance. Ich war nicht mehr zurechnungsfähig. Stimmte das wirklich? Hatte ich so viel Schlimmes vollbracht? War ich so ein schlechter Mensch?

Zum Glück stand mein Mann mit dem Auto vor dem Haus und holte mich ab. Ich glaube, in dem Zustand wäre ich nicht mehr nach Hause gegangen, ich hätte so nicht mehr weiterleben können. Ich brach weinend zusammen. Er richtete mich wieder auf, das war Schwerstarbeit. Ich brauchte lange, bis ich mich von diesem Schock erholen konnte.
Nun hatte ich kein Vertrauen mehr zu den Ärzten. Ich wollte einfach keinen Arzt mehr sehen. Aber was sollte ich machen, es ging mir nicht gut. Die gute Lösung schien ein Heilpraktiker zu sein, der einen guten Ruf hatte. Voller Hoffnung vertraute ich mich ihm an. Ich glaube, er probierte alles an mir aus, was er gelernt hatte. Unzählige Spritzen, sehr viel homöopathische Arznei, Eigenblutbehandlung und Magnetfelder. Es nützte nichts, doch ich hatte zwei Mal in kurzen Abständen einen Kreislaufkollaps. Also, so hatte ich mir das auch nicht vorgestellt. Ich ging nicht mehr hin und musste reumütig zu meinem Facharzt zurückkehren, weil es mir immer schlechter ging.

Krankenhaus-Spezialistin wider Willen

Nun schickte mich mein Internist nach Erlangen in die Universitätsklinik zu einem Immunologen. Es musste doch herauszufinden sein, was mich immer wieder krank machte. Ich wurde regelrecht von innen nach außen gestülpt. Es gab so viele Möglichkeiten, was es sein konnte - und es gab so viele Untersuchungsmöglichkeiten. Lymphknoten wurden entfernt, Herzkatheter gesetzt, wieder eine Bauchspiegelung, Knochenmarkuntersuchungen, Darmspiegelung, viele Röntgenuntersuchungen und Ultraschall. Ultraschall war gerade erst neu aufgekommen und es standen Trauben von Studenten daneben, um die neue Methode zu lernen. So konnte man erkennen, dass inzwischen meine Milz so groß war, dass sie bis ins kleine Be-

cken reichte. An Laborratten hatte man geforscht und nun war klar, was meine geheimnisvollen Krankheiten verursachte.
Es war ein Virus, der vermutlich schon seit dem Insektenstich im Kleinkindalter in meinem Körper war. Er wanderte durch meinen Körper und befiel alles, was sich ihm in den Weg stellte. Doch es gab keinen Grund zum Jubeln. Man konnte ihn nicht finden, weil es sich um einen sehr kleinen Virus handelte, davon gibt es unzählige. Es war die Suche nach der Nadel in einem Heuhaufen. Nach drei Monaten konnte ich erst einmal wieder nach Hause, um mich von den anstrengenden Untersuchungen und Eingriffen zu erholen.
Jedes Mal, wenn ich ins Krankenhaus kam, waren die Ärzte entsetzt über die vielen Tabletten, die ich nehmen musste. „Kein Wunder, dass Sie sich nicht gut fühlen, die müssen erst einmal alle abgesetzt werden, dass man wieder den Überblick bekommt." Erklärungen nützten nichts, wenn ich meinte, dass es mir dann noch schlechter ging, wurde ich abgekanzelt: „Sie wollen wohl nicht mitarbeiten!" Es war zum Verzweifeln. Das Ergebnis war jedes Mal das gleiche, ich landete auf der Intensivstation, oft mehrmals, neue Tabletten wurden ausprobiert und wenn ich in noch schlechterem Zustand als vorher entlassen wurde, hatte ich drei oder vier Tabletten mehr als vorher.

Versöhnung mit den Eltern – wenigstens das

Es war nur gut, dass wir wieder in Nürnberg lebten. Schließlich hatte ich ja zu Hause meinen Sohn und meinen Mann, die versorgt werden mussten. So war meine Mutter bereit, für die Beiden zu sorgen. Es machte ihr Spaß, mit dem Bus zu uns zu fahren. Dann kochte sie immer für einige Tage, blieb dann den übrigen Tag da, um ihrem Lieblingsenkel Gesellschaft zu leisten und wurde am Abend von meinem Vater wieder abgeholt. Seitdem mein großer Bruder mit seiner Familie und meinem zweiten Bruder außerhalb Nürnbergs

wohnte, machten sie sich bei meinen Eltern sehr rar und die waren froh, dass sie bei uns immer willkommen waren.
Solange sie lebten, kamen sie zwei Mal pro Woche zu uns, wir kümmerten uns um sie und bei uns fühlten sie sich wohl. Da gab es keinen Streit, keine gegenseitigen Vorwürfe, keine Rechthaberei und kein Geschrei mehr.
Es waren solch verfahrene Familienverhältnisse in meiner Familie. Der jüngere Bruder kümmerte sich viel zu sehr um meine Schwägerin. Ihr Mann war sehr bequem und fand es wunderbar, wenn ihm die Last des Unterhaltungsprogramms für seine Frau abgenommen wurde. Alle Mahnungen schlug er in den Wind. Das Ende vom Lied war, dass sich die Brüder hassten und das Ehepaar sich scheiden ließ. Daraufhin heiratete der jüngere Bruder diese Frau und der große Bruder heiratete eine andere geschiedene Frau. Ich versuchte alles, dieses Unglück abzuwenden, doch sie mochten mich ja sowieso nicht und hörten auf keinen gutgemeinten Rat. Ich war sehr unglücklich über die Situation und litt sehr unter einer zerstörten Familie. Wir wollten wenigstens meinen Eltern zeigen, dass wir zu Ihnen hielten und sie liebten.
Ich bin sehr dankbar, dass meine Mutter immer bereit war, uns zu helfen. Was hätte ich nur ohne sie getan!?
Als ich 37 Jahre alt war, musste ich meinen Kinderwunsch endgültig aufgeben. Ich hatte ständig Blutungen, die sich auch medikamentös nicht stoppen ließen. Deshalb musste meine Gebärmutter entfernt werden, sonst wäre ich irgendwann verblutet.

Den Tod vor Augen

Kaum hatte ich mich davon erholt, hatte sich meine Milz entschlossen, nicht mehr kleiner zu werden, sie war riesig und es drohte eine Ruptur, das heißt, sie wäre geplatzt. Ich hatte sehr starke Schmerzen und konnte dies nur noch im Liegen ertragen, mit vielen Schmerzmitteln. Doch Weihnachten stand vor der Tür, ich wollte doch meine Lieben da nicht allein lassen. Der Professor genehmigte mir den Aufschub bis ins neue Jahr, aber mit großen Bedenken. Ich, oder vielmehr meine Milz, hielt durch und im Jahr 1981 kam ich wieder in die Universitätsklinik. Nach vielen, teilweise sehr schmerzhaften Voruntersuchungen, wurde ich operiert. Man wollte die Milz so weit wie möglich erhalten, wurde mir versprochen. Das war dann aber nicht möglich, sie war inzwischen sechs Mal so groß wie normal und man musste sie ganz entfernen.

„Sie hatten wirklich Glück, vor zwei Jahren hatten wir noch keine Ahnung, dass man ohne Milz überhaupt leben kann." Hatte ich das wirklich? Glück ist relativ, oder?

Ich konnte mich nicht erholen. Ich hatte ständig Magenschmerzen, es ging mir eigentlich jeden Tag schlechter. Nach einer Woche wurde ich wieder in die Immunologie verlegt. Die Laborwerte waren miserabel: „Jetzt finden wir in Ihrem Blut all das, was wir die ganze Zeit gesucht hatten!" Irgendetwas stimmte ganz und gar nicht. Ich konnte nichts mehr essen und wurde wieder intravenös ernährt. Es war mir furchtbar schlecht, ich konnte vor Schwäche nicht mehr aufstehen. Ich fand mich allmählich damit ab, dass ich sterben würde. Keiner konnte mir offenbar helfen.

Dann kam der Donnerstag, der 19. Februar 1981. Es sollte der schlimmste Tag meines Lebens werden. Ich lag nur noch apathisch in meinem Bett, es ging mir so schlecht. Da kam die Schwester in das Zimmer, um mir einen Vortrag zu halten, dass ich unbedingt essen müsse, sonst müsste man eine Sonde in den Magen legen, um mich künstlich zu ernähren. Sie wollte mir einen Grießbrei und Apfelmus bringen. Inzwischen kam mein Mann, um mich zu besuchen, der einzige Lichtblick. Um ihm eine Freude zu machen, zwang ich mich, einen Löffel voll mit Brei und Apfelmus zu essen. „Komm, noch 2 Löffel voll, damit du wieder zu Kräften kommst!" Ich tat ihm den Gefallen und er freute sich. Dann wollte ich die zwei Schritte wieder ins Bett gehen. Ich stand auf – und da passierte es. Etwas platzte in meinem Oberbauch und dann strömte etwas in meinen Bauchraum hinunter. Ich setzte mich sofort wieder hin. Ein großes Gefühl der Erleichterung erfüllte mich, der große Schmerz ließ plötzlich nach, kam aber wieder in anderer Form. Mein Mann half mir ins Bett. Ich sagte: „Jetzt ist irgendetwas Schlimmes passiert!“ Ich traute mich nicht zu sagen, was ich empfunden hatte, ich wollte ihn nicht unnötig beunruhigen, auch war ich überzeugt, dass mir sowieso niemand glauben würde. Heinz holte den Pfleger, mit einem Schmerzzäpfchen. Ich zeigte ihm die merkwürdige Geschwulst, die sich über meinem Magen gebildet hatte. Er ging schnell hinaus und der Arzt kam. Er untersuchte mich und sagte: „Oh, verdammt!“ - da hatte er wohl recht, schnell ging er hinaus. Ein Schwall Flüssigkeit schoss mir aus Mund und Nase.

Dann kam eine Schwester, um mich im Rollstuhl zum Röntgen zu fahren. Ach, hätte es doch schon MRT gegeben, welches Leid wäre mir erspart geblieben. Meinen Mann schickte ich nach Hause, weil unser Michael allein zuhause war und ihn brauchte. Es fiel mir so schwer - vielleicht sah ich sie beide nie wieder. Tapfer unterdrückte ich die Tränen, er konnte mir ja sowieso nicht helfen. Ich wollte ihn am liebsten zurückrufen, aber mein Michael war mir wichtiger.

Zurück im Zimmer, kamen der Chirurg und der Professor an mein Bett. „Wir müssen Sie operieren, es ist vermutlich ein Darmverschluss.“ „Aber, da ist doch etwas geplatzt!“ hätte ich sagen müssen, doch ich war viel zu schwach und viel zu apathisch, schon das Denken fiel mir sehr schwer. Ich bestand nur noch aus Schmerzen!! Ich wurde in das Haus der Chirurgie gefahren. Jede Unebenheit bereitete mir unsagbare Schmerzen, ich wollte schreien, traute mich aber nicht, ich hatte noch nie laut geschrien, überall waren so viele Menschen, da konnte ich doch nicht einfach losbrüllen, außerdem wurde es dadurch auch nicht besser, ich vergeudete dabei nur meine Kraft, die ich noch brauchte.

Ich wurde von dem Operationsteam empfangen. Es war noch eine andere Notoperation zu machen, die wurde vorgezogen, ich musste

noch warten. Ich musste mich bemerkbar machen, mich wehren, ich schaffte es nicht! Ich war so langsam im Denken, dass ich schon hinausgeschoben wurde, bis der Gedanke bei mir ankam. So lag ich in einem großen Saal mit lauter schlafenden Menschen, alle an Maschinen angeschlossen. Gegenüber an der Wand hing eine große Bahnhofsuhr, die Minuten verstrichen so langsam. Ich hielt die Schmerzen nicht mehr aus!!! Wenn ich jetzt anfing zu schreien, würde ich alle Kontrolle verlieren, ich würde nicht mehr aufhören können. Doch ich war schon zu schwach, ich konnte nichts mehr äußern, nichts mehr sagen, nicht mehr schreien. Außerdem hatte ich kein Recht, friedlich schlafende Menschen durch mein Schreien aufzuwecken. Ich würde sterben, so unauffällig wie ich gelebt hatte. Immer wieder kam ein Schwall aus meinem Mund. Merkwürdig, seit meinem elften Lebensjahr konnte ich nicht mehr erbrechen, ich musste immer die Übelkeit ertragen, bis sich der Körper anderweitig entleert hatte, wieso jetzt? Es war ganz anders. Ich ergab mich in mein Schicksal: „Lieber Gott, wenn ich schon sterben muss, dann bitte während der Narkose, ich kann nicht noch längeres Leiden ertragen. Warum nur, warum?"
Ich lag fünf Stunden, bis ich endlich gegen 23.00 Uhr in den OP gefahren wurde. Der Arzt: „Was ist los?" die Schwester: „Sie hat so starke Schmerzen!" - Endlich durfte ich einschlafen.
Als ich wieder zu mir kam, standen an meinem Fußende des Bettes eine Gruppe von Menschen, in grünen Kitteln. Ich hätte am liebsten gelacht, wenn es möglich gewesen wäre. Ich war noch da, das waren keine Engel, ich war noch nicht im Himmel. Dabei war meine Situation alles andere als lustig. Über mir hingen Infusionen in allen Farben, ich zählte 15. Die Schläuche führten in meine Arme, irgendwo am Hals und aus meinem Bauch kamen auch welche heraus. Ringsherum standen Geräte, die manchmal piepsten und klingelten. Konnte man denn so weiterleben? Der Professor redete mich an: „Frau Sporrer, Sie hatten einen Magendurchbruch, Sie hatten ein Loch in Ihrem Magen!" Ich wollte fragen, reden, es ging nicht. Et-

was steckte in meinem Mund, ich wollte es herausziehen, doch eine Schwester hinderte mich daran. „Sie können nicht sprechen," sagte der Professor: „Sie werden künstlich beatmet und künstlich ernährt." Und zu den Ärzten gewandt fuhr er fort: „Das müssen wir herausziehen und durch die Nase legen, wir brauchen es noch länger." Damit gingen sie zum nächsten Bett und ließen mich mit meiner Verzweiflung allein: „Das könnt ihr doch nicht machen, einfach herausziehen und durch die Nase legen!" Ich hatte solche Angst, warum müssen die Ärzte immer alles am Bett besprechen und glauben, dass der Patient nichts mitkriegt. Mein Gehirn funktionierte immer noch. Auf diese Art und Weise ging es weiter, ich konnte mich ja nicht äußern und sie wussten nicht, dass ich alles mitbekam.
Ich war ständig wach und musste die unglaublichen, unmenschlichen Schmerzen ertragen. In meinem Körper steckten so viele Schläuche, die Operationsnarbe ging senkrecht über den ganzen Bauch. Warum nur konnte ich nicht so friedlich schlafen, wie all die anderen Patienten. Ich wusste, ich würde sterben, doch warum so elendiglich? Warum durfte ich nicht während der Operation sterben? Mein Mann saß so oft wie möglich an meinem Bett, es beruhigte mich sehr, zu wissen, dass er auf mich aufpasste. Ich wollte noch nicht sterben. Das konnte doch noch nicht alles sein. Durfte ich denn nicht auch, so wie andere Leute, mein Leben auch einmal genießen. Nicht nur sparen und arbeiten, nicht nur Kummer und Krankheiten. Zuhause war mein kleiner Junge, mein Michael, mein ganzer Stolz. Er war das Beste, was ich in meinem Leben geschafft hatte, ich konnte ihn doch noch nicht allein lassen, er brauchte doch noch seine Mutter. Da schrie ich in meiner Verzweiflung zu Gott: **„Gott, wenn es Dich wirklich gibt, dann hilf mir!"**
Und Gott hörte mein Flehen, Er half mir! Von da an ging es langsam, aber beständig aufwärts. Mein Mann erzählte mir später, dass die Ärzte ihm acht Tage lang erzählten, dass ich keine Chance hätte. Ich hatte fünf bis sechs Liter Eiter im Bauch gehabt. Es war, von Ihrem Reden her, eigentlich meine Schuld: „Sonst schreien die Pati-

enten bei einem Magendurchbruch das ganze Krankenhaus zusammen"- dabei hatte ich eigentlich nur rücksichtsvoll sein wollen. Dadurch hatte ich natürlich eine Blutvergiftung mit Organversagen erlitten. Dass sie nicht an mein Überleben geglaubt hatten, sah ich schon an der Operationsnarbe. Sie sah aus wie nach einer Obduktion, über den ganzen Bauch und mit fünf Zentimeter langen Stichen zugenäht. Es kam mir auch der Vergleich mit einer gefüllten Weihnachtsgans!
Später stellten die Ärzte fest, dass der Bauch nicht vollständig ausgeräumt war, klar, ich würde doch sowieso sterben! Es gab noch Speisereste in meinem kleinen Becken, die immer wieder mit Antibiotika oder Cortison bekämpft werden mussten. Die Schmerzen waren über Jahrzehnte beständig da. Die Ärzte sprachen von einem Wunder - nie hätten Sie gedacht, dass ich das Überleben würde.

Nur eine kleine Pause …

Endlich kam ich wieder auf die Normalstation, doch in ein Einzelzimmer, wegen der Infektionsgefahr. Ich glaubte, das Schlimmste überstanden zu haben, doch das war leider nicht der Fall. Es war einige Tage später, als die Ärzte meine Aufnahmen der Lunge ansahen. Bei dem einen Lungenflügel war nur ganz oben ein kleines Stückchen vorhanden, so groß wie eine Zitrone. Es wurde mir eröffnet, dass ich noch einmal operiert werden musste, weil ein subphrenischer Abszess meine Lunge nach oben drückte und ich deshalb so schwer Luft bekam. Ich war wie vom Donner berührt, ich brach in Tränen aus und konnte mich gar nicht mehr beruhigen. Noch einmal so eine Tortur, das hielt ich einfach nicht mehr aus! Drei so schwere Operationen in drei Wochen. Doch ich hatte keine Wahl, wenn ich leben wollte.
Während der Operation erlebte ich das Schlimmste, was man sich bei einer Operation vorstellen konnte. Ich wachte während des Ein-

griffs auf und erlebte, wie der Chirurg in meinem Bauch arbeitete. Ich konnte nicht schreien, mich nicht bewegen, ich lag da und musste es erdulden. Ich dachte verzweifelt: „Merkt denn niemand, dass ich wach bin?!“ Dazu musste ich mir die Schimpftiraden der Ärzte anhören, die über die Zustände in diesem Krankenhaus herzogen. Sollten sie sich nicht lieber um mich kümmern, waren meine Gedanken, die sind doch mit ihren Gedanken ganz woanders. Es war eine sehr schlimme Erfahrung! Es dauerte eine für mich entsetzlich lange Zeit, bis ich wieder in Narkose war.

Als ich wieder aufwachte, bemühte ich mich, nur nach vorwärts zu schauen und all das Grauen zu vergessen. Die Wunde der letzten Operation wurde offengehalten, damit dasselbe nicht noch einmal passieren konnte und alles abfließen konnte, was nicht hineingehörte. Es dauerte ein halbes Jahr, bis sie von allein zugeheilt war. Nun wollte ich natürlich wissen, wie es überhaupt zu dem Magendurchbruch hatte kommen können. Mein Magen war immer mein gesündestes Organ gewesen. Ich erfuhr, dass nach Bauchoperationen die befürchteten Komplikationen Magendurchbruch und Darmverschluss waren. Es wurde ja ein ganzes Organ, die Milz entfernt. Von der Milz zum Magen führen Blutgefäße. Davon war eines offenbar nicht richtig versorgt worden bei der Operation, es starb ab und das Resultat war schließlich ein Loch, von außen, in meinen Magen hinein. War es ein ärztlicher Kunstfehler? Ich wurde gedrängt, die Ärzte zu verklagen. Das lehnte ich aber entschieden ab. Ich wollte keine Rache, ich wollte keine Entschädigung für die erlittenen Schmerzen. Ärzte sind auch Menschen wie du und ich und wo Menschen arbeiten, geschehen Fehler. Bei Ärzten können sie leider manchmal tödlich sein. Eine Anklage hätte mir meine Gesundheit auch nicht wiedergebracht. Ich lebte, das war alles, was zählte! Was ich mir noch von meinem Leben erhoffte, war, dass ich meinen Sohn Michael noch bis ins Erwachsenenalter begleiten durfte, dann würde er allein zurechtkommen. Mehr wollte ich nicht.

Als ich nach einigen Jahren, auf Drängen der mich behandelnden Ärzte, einen Operationsbericht und Schriftverkehr über den Magen-durch-bruch verlangte, war alles registriert, nur nicht diese Schriften. Sie waren nicht mehr auffindbar! Das war schon merkwürdig und machte mich nachdenklich.
Nach drei Monaten bekam ich einen regelrechten Krankenhauskoller. Ich wollte unbedingt nach Hause - also wurde ich entlassen, mit der Auflage, dass ich täglich von einem Arzt betreut werden müsste.

Zuhause – von vorne anfangen…

Ich war ein Pflegefall! Ich konnte kaum Nahrung zu mir nehmen, nach einem Löffel voll Essen war mir schlecht. Ich bekam Kalorienbomben zum Trinken, Astronautenkost nannte man sie. Ich bestand nur noch aus Haut und Knochen, doch mein Lebenswille war ungebrochen. Ich wollte leben, ich fing einfach wieder von vorne an. Ich konnte mich an Kleinigkeiten erfreuen, das Leben war mir sehr wertvoll geworden. Ich hatte erfahren müssen, wie schnell alles vorbei sein konnte, ich wollte die Zeit, die ich noch hatte, so gut wie möglich nutzen, mich an meinem Leben erfreuen, auch wenn es nicht immer rosig war, auch wenn ich jetzt ständig unter extremen Schmerzen zu leiden hatte. Aber ich lebte, das war die Hauptsache!
Dass ich mich dann aber so schnell von diesen einschneidenden Ereignissen erholen konnte, gab mir schon zu denken. Sollte da mehr dahinterstecken als mein Lebenswille und meine Energie, meine Kämpfernatur? Nach einem Jahr war es mir wieder möglich, meinen Haushalt selbst zu machen, ich ging wieder ganz ohne Hilfe, ganz allein in die Stadt zum Einkaufen. Ich war überglücklich, lachte alle Leute auf der Straße an und wunderte mich immer, wenn sie so grimmig dreinschauten.

Ich kam zu dem Schluss, dass hinter all diesen ungewöhnlichen Dingen nur Gott stecken konnte. Von mir allein konnte das nicht kommen. Ich hatte auch keine Angst mehr vor dem Sterben.
„Fürchte dich nicht, denn ich bin mit dir; hab keine Angst, denn ich bin dein Gott.“ Jes 41,10
Das Sterben, dachte ich, war doch eine Erlösung, eine Gnade. Angst machte mir nur, wenn ich daran dachte, was ich alles ausgehalten hatte. Das wollte und konnte ich nicht noch einmal ertragen. Tagsüber kam ich gut zurecht, da gab es viel Ablenkung. Doch nachts kamen diese entsetzlichen Alpträume. Ich musste das ganze Leiden von Anfang bis Ende immer wieder erleben. Es gab keinen Weg, es abzuschalten, wie ein Film lief es in meinem Gehirn ab, unbarmherzig. Schweißgebadet und vollkommen erschöpft musste ich es erdulden. Mein Arzt meinte, dass ich eigentlich eine gute psychologische Betreuung bräuchte, doch er könne mir guten Gewissens niemand empfehlen. Das wollte ich auch gar nicht, da hatte ich schließlich auch schon eine schlimme Erfahrung gemacht. Eines nachts kam mir der Gedanke, alles aufzuschreiben. Ich hatte schon oft die Erfahrung gemacht, dass man, z.B. beim Briefeschreiben, viele Gefühle aufarbeiten konnte. Ich brauchte die ganze Nacht, um alles so niederzuschreiben, wie es in dem Film immer wieder ablief. Ich schwitzte, ich fror, ich weinte, ich bekam Herzrasen, doch dann hatte ich es geschafft! Der Alptraum kam nur ganz selten wieder.

Mein Körper ist eigentlich nur noch krank

Es war mir nur eine kurze Pause gegönnt. Zwei Jahre später hatte sich eine große Zyste an einem Eierstock gebildet. Sie musste operativ entfernt werden. Ich nahm es gelassen hin, na schön, dann eben wieder eine Bauchoperation. Man gewöhnte sich eben an alles. Drei

Tage nach der Operation – wie könnte es anders sein – wieder eine Komplikation. Diesmal war es ein Darmverschluss.
Jetzt wurde die Operationsnaht mit Draht und Metallplatten zusammengehalten, damit die Chance bestand, dass der Bauch wieder zusammenwachsen würde. Ich wurde mit dem OP-Bericht konfrontiert: „Wir können Ihren Bauch NICHT mehr operieren. Das Bauchfell gibt es nicht mehr, der Darm ist an der Bauchdecke und den Organen festgewachsen und im kleinen Becken sind noch Verdauungsreste, die sich verkapselt haben. Wenn wir Sie operieren müssten, wüssten wir nicht, wo wir hineinschneiden". Warum machte mir diese Hiobsbotschaft eigentlich gar nichts mehr aus? Ich wunderte mich über mich selbst.
Nun, erstens hatte ich überhaupt keine Lust, mich nochmals am Bauch operieren zu lassen, zweitens, sollte wieder so ein Ernstfall eintreten, konnte ich sowieso nichts dagegen unternehmen und drittens, würde es schon gut gehen. Hatte Gott mich bisher vor dem Schlimmsten bewahrt, würde Er es bestimmt auch weiterhin tun. Sollte meine Zeit abgelaufen sein auf dieser schönen Erde, dann war es halt einfach so, es stand nicht in meiner Macht, etwas daran zu ändern. Ich wollte noch das Beste aus der Zeit machen, die mir noch blieb.
„Alles vermag ich durch den, der mich stärkt." *Phil 4,13*
Ich schaffte es wieder, in Rekordzeit auf die Beine zu kommen. Das konnte ich unmöglich allein geschafft haben. Ich war fest davon überzeugt, dass Gott dabei nachgeholfen hatte.
Nun musste endlich Schluss sein mit den Krankheiten, ich machte mich daran, wieder ein einigermaßen normales Leben zu führen. Doch ich hatte die Rechnung ohne diesen Virus gemacht. Man konnte es einfach nicht ausfindig machen. Es waren bereits viermal Lymphknoten entfernt worden, ohne Befund. Meine entfernten Organe - ohne Befund. Einige Male wurde das Knochenmark und das Nervenwasser untersucht - ohne Befund. Es war zum Verzweifeln! So lebte das Virus in meinem Körper weiter.

Nun war das Herz daran, heftige Herzrhythmusstörungen und unkontrolliertes Herzrasen machten wieder einen langen Klinikaufenthalt mit vielen Untersuchungen notwendig. Zum Glück brauchte ich keinen Herzschrittmacher, wie man zunächst befürchtet hatte. Es konnte mit Medikamenten in den Griff bekommen werden, doch meine Tablettenliste wurde immer länger.
War ich vor einigen Jahren nur alle drei Jahre richtig krank, gab es nun kaum mehr eine Pause. Als nächstes wurden meine Muskeln, Sehnen und das Bindegewebe befallen, nun hatte ich auch noch Rheuma, Arthrose und Fibromyalgie. Die Schmerzen wurden immer mehr, der Tablettenkonsum stieg weiter an. Dann bekam ich noch das sehr unangenehme „Restless-Legs-Syndrom" und Neuropathie und Raynaud-Syndrom, das sind Nervenschädigungen, an Händen und Füßen.
Mein Immunsystem funktionierte nicht mehr, ich wurde anfällig für alles. Es entwickelten sich immer mehr Allergien. Zuerst waren es „nur" Kontaktallergien, dann bekam ich ganz massiv Lebensmittelallergien. Hinzu kam, dass ich wegen des immer wieder drohenden Darmverschlusses nichts essen durfte, was dieses Risiko erhöhen könnte. Also nichts, wo Fasern oder Körner enthalten waren. Keine schwer verdaulichen Lebensmittel, weil mein Magen und Darm die Nahrung nicht mehr verarbeiten konnten. Ich brauchte ein Medikament, das die Nahrung zersetzte.
Es war einfacher, die Stoffe aufzuzählen, die ich essen durfte. Die Lebensmittel, die verboten waren, füllten eine DIN A 4 - Seite. Was blieb, war eine strenge Diät. Kein frisches Obst, Salat oder Gemüse. Verboten waren ebenso blähende Speisen. So blieb nur noch Gedünstetes in jeder Form, vom Gemüse kamen nur noch Blumenkohl oder Brokkoli in Frage. Appetitanregend war das nicht und Mangelerscheinungen waren vorprogrammiert.
Ich kann es eigentlich selbst nicht erklären, wie ich es immer wieder schaffte, gelassen zu bleiben und zufrieden zu sein. Rebellion hätte mir sicherlich nichts gebracht, außer Verschlechterung. In den Kran-

ken-häusern hatte ich immer wieder gesehen, dass es Menschen gab, die noch schlechter dran waren als ich. Das machte mich demütig und bescheiden. Ich musste mit dem zufrieden sein, was ich hatte, was nützte es mir, mich nach dem Unmöglichen zu verzehren. War da Gott auch schon immer gegenwärtig? Es war mir damals noch nicht so bewusst.
Die Ärzte warnten mich immer vergeblich, mit meinen Kräften zu haushalten: „Sie bewegen sich auf einem ganz schmalen Grat, Sie können jederzeit abstürzen." Ich ließ es darauf ankommen. Ich konnte mich nicht hinsetzen und meine Krankheiten pflegen. Ich musste noch etwas schaffen in meinem Leben, so viel wie ich eben konnte. Lieber wollte ich früher sterben, aber mich nur um mich selbst zu kümmern, das ging bei mir nicht.

Ich möchte leben…

Also tat ich das, was ich noch konnte. Meinen Haushalt und meinen geliebten Garten - und ich wollte keinesfalls geistig einrosten, deshalb ging ich abends noch zur Erwachsenenbildung, um weiter zu lernen. Noch immer war ich sehr wissbegierig. Die Sprachen hatten mir es angetan, ich lernte weiter Französisch und Italienisch. Obwohl mir schon manchmal der Gedanke kam: „Für was mache ich das eigentlich, ich kann es doch nie mehr gebrauchen?". Doch es lenkte wunderbar von meinen eigenen Problemen ab und gab mir die Befriedigung, etwas Sinnvolles zu tun. Wenn Familienfeste stattfanden, war das ganz automatisch bei uns, da hatte man genügend Platz und man wurde bestens versorgt. Es machte mir Freude, eine große Familie zu versorgen, da kochte und backte ich tagelang. Ich hatte immer eine große Familie gewollt. Na ja, der Mensch denkt und Gott lenkt. Es war auch gut so, denn bei dem, was mich noch alles erwartete, hätte ich nie für eine große Kinderschar sorgen können.

Mein Vater war jahrelang auf den Rollstuhl angewiesen. Wenn meine Eltern bei uns waren, fuhr ich ihn immer im nahegelegenen Park spazieren. Meine Ärzte schlugen die Hände über dem Kopf zusammen: „Sie können doch selbst kaum laufen! Hören Sie auf damit.“ Ich machte es trotzdem, weil mir die frische Luft auch guttat, mein Vater freute sich und außerdem konnte man sich am Rollstuhl ausgezeichnet festhalten, das gab mir Sicherheit.
Zwischendurch bekam ich Magenbluten, ich hatte die Rheumatabletten nicht mehr vertragen. Ich hatte es schon aufgegeben, die Klinikaufenthalte zu zählen. Für meine beiden Männer war es schon „fast normal“, dass ich immer wieder in stationäre Behandlung musste. Ich selbst nahm es als unvermeidlich hin und versuchte es möglichst schnell wieder zu vergessen.

Gottes Plan – jetzt entdeckt

Nun stand uns wieder eine große Baumaßnahme bevor. Das kam so: Unser Michael war häufiger Gast in Schäfstall, denn er liebte das Landleben. Der kleine Junge, mit dem ich als Kind gespielt hatte, war inzwischen, genau wie ich, verheiratet und Vater dreier Kinder. Das älteste Kind war ein Mädchen. Sie war sechs Jahre jünger als Michael und hieß Margarete, die Kurzform war Margret. Die beiden Kinder spielten miteinander, wenn Michael zu Besuch war. Als sie älter wurden, fanden sie Gefallen aneinander, verliebten sich, bis ihr Entschluss feststand: „Wir wollen heiraten!"

Ist es nicht großartig, wie Gott plant und zusammenführt? Hätten wir nicht hamstern müssen, wären wir vermutlich nie nach Schäfstall gekommen. Wäre ich nicht immer krank gewesen, hätte ich nicht die Erholung in der guten Luft gebraucht auf dem Bauernhof. Wäre Michael nicht so ein begeisterter Naturliebhaber geworden, wäre er nie auf den Bauernhof gegangen. Alles Zufall? Nein, ganz gewiss nicht! Es gibt noch mehr Fügungen: Hätte ich den Beruf erlernen dürfen, den ich gewollt hätte, wäre ich nie nach England gekommen, dort hatte ich die Diagnose für meine Erkrankung erhalten. Vielleicht hätte ich mir dann, aus Verzweiflung, das Leben genommen.

Wäre ich nicht bei der Hochzeit meines Bruders mit Heinz zusammengekommen, hätten wir uns nie kennengelernt. Wäre ich nicht in England auf das Briefeschreiben angewiesen gewesen (das Telefon ging damals nach Deutschland nur über den Operator und war sehr teuer) hätte ich ihn nie lieben gelernt.

Es gibt keinen Zufall, es gibt für jeden von uns ein Leben, das von Gott von Anfang an geplant wurde. Jeder ist von Gott auf diese Welt gesandt worden, zu einer ganz bestimmten Zeit, an einen ganz bestimmten Ort, für eine ganz bestimmte Aufgabe, die nur Er, kein anderer, verrichten kann.

Es ist alles Fügung, welch ein Trost! Vermeintlich verpassten Chancen nachzuweinen, macht uns nur unglücklich. Lieber so annehmen wie es ist und das Beste daraus machen. Was war meine Aufgabe? Das hatte ich noch nicht verstanden.
Margret hatte schon länger bei uns gewohnt, weil sie in Nürnberg Architektur studierte. Mein Mann und ich machten uns Gedanken, wo sie wohnen sollten, denn unser Haus war nur ebenerdig, so musste eine Lösung für die beiden gefunden werden. Nachdem ich nicht mehr leistungsfähig war und mir der Haushalt und Garten zu viel wurden, machten wir dem jungen Paar den Vorschlag, das Haus zu übernehmen und wir würden uns eine kleine Wohnung nehmen.
Wir dachten eigentlich, sie würden sich freuen. Weit gefehlt! Sie reagierten unerwartet heftig, ob wir nicht mit ihnen zusammenwohnen wollten, es wäre doch unser Haus, wir verstünden uns doch gut.... .
Nun musste eine neue Lösung her. Wir wollten unseren Dachstuhl ausbauen, mit großen Gauben, damit Platz genug da wäre. Das wurde von der Stadt abgelehnt, es passe nicht in unsere Wohngegend. So blieb uns nichts anderes übrig, als das fränkische Giebeldach abzunehmen und eine weitere Etage aufzustocken. Dann wurde das Dach wieder daraufgesetzt und auch noch innen ausgebaut. Nach der Hochzeit zogen die Beiden dann in ihr neues Heim.
Während des Um- und Aufbaus funktionierte ich, wie immer, großartig. Alle, außer mir, waren Tag für Tag mit dem Bau beschäftigt. Abends waren sie dann so erschöpft, dass ich keine Hilfe erwarten konnte. Ich sorgte für meine Lieben, es machte mir Spaß, dass ich das schaffte und sie keinen Mangel leiden mussten. So war es schon immer, wenn ich wusste, ich wurde unbedingt gebraucht, lief ich immer zu Hochform auf. Ich schaffte alles, was verlangt wurde. Es kam noch dazu, dass genau an dem Tag, als das Dach entfernt war, das Wetter sehr schlecht wurde. Es war kalt und regnete häufig, mit dem Ergebnis, dass trotz aller Vorsorgemaßnahmen das Wasser einen Weg in unsere Wohnräume fand. Die Heizung konnte auch

nicht eingeschaltet werden, weil es keinen Kamin mehr gab. Der Hausbau fand unter erschwerten Bedingungen statt.
Natürlich ging es über meine Kräfte. Ich war mir sehr wohl bewusst, dass ich mit meinem Leben spielte, doch wenn ich gebraucht wurde, konnte ich nicht anders, ich war einfach da. Ich sah keine andere Lösung, aber meine Kraft schwand zusehends. Ich steuerte auf eine Katastrophe zu.
Unser Sohn Michael hatte nach dem Abitur bei der Bundeswehr angefangen und absolvierte dort auch sein Studium. Nach 10 Jahren schied er aus und er fing mit der Ausbildung bei der Polizei an, sein Traumberuf, ganz in den Fußstapfen seines Vaters. Während seiner Studienzeit in Hamburg machte er bei einer Soldatenwallfahrt nach Lourdes mit. Es beeindruckte ihn so sehr, dass er auch ein zweites Mal teilnahm. Dort wurde er von Gott berufen, sein Diener zu werden. So begann er mit einem Fernstudium in Theologie, neben seinem Studium für den Polizeidienst. Inzwischen hatte sich auch Nachwuchs eingestellt, ein Junge. Zwei Jahre später der zweite Junge und nach drei weiteren Jahren ein Mädchen. So wurde Michael nicht nur Polizeibeamter, sondern auch noch nebenberuflicher Diakon in unserer katholischen Gemeinde. Als er zum Diakon geweiht wurde, waren schon zwei Kinder da. Das Mädchen durfte er dann selbst taufen.

Familiäres Glück und erneute Lebensgefahr

Für mich ist mein Sohn Michael ein wahres Geschenk Gottes. Diese Freude über diesen Schatz hat mir über viele Schmerzen, Enttäuschungen und traumatische Ereignisse hinweggeholfen. Seine Familie im Haus zu haben, die Enkelkinder aufwachsen zu sehen, was kann es Schöneres geben im Leben. Ich hatte endlich eine intakte Familie, die ich mir immer erträumt hatte. Darum war ich auch glücklich und zufrieden. Unser Enkelsohn fragte eines Tages: „Papa, die Oma ist doch so krank, wieso ist sie immer so fröhlich?“ Ich bemühte mich sehr, nicht andere darunter leiden zu lassen, weil ich krank war. Niemand war daran schuld. Es reichte doch schon, wenn ich das Problem hatte. Ich hatte die Wahl, mein Schicksal anzunehmen, oder verbittert und unausstehlich zu werden. Ich hatte schon genug Kranke erlebt, bei denen die ganze Familie mitleiden musste. Wie egoistisch, das wollte ich auf keinen Fall!

Im Jahr 1999 verstarben meine Eltern beide im Abstand von einem halben Jahr. Sie wurden fast 90 und 92 Jahre alt. Bis zuletzt hatten wir versucht, ihnen noch einen Lebensinhalt zu geben. Ich brachte es einfach nicht übers Herz, ihnen zu sagen: „Ich kann nicht mehr, ihr könnt nicht mehr zwei Mal in der Woche kommen.“ Es war inzwischen schwierig geworden, mein Mann musste sie immer abholen und wieder heimfahren. Doch sie lebten auf, wenn sie bei uns waren, ich konnte sie nicht enttäuschen, auch wenn es auf meine Kosten ging.

Mein Vater hatte wohlweislich ein Testament gemacht, dennoch kam es zu Erbstreitigkeiten. Um meine Ruhe zu haben, hätte ich auf alles verzichtet, mir war Geld noch nie wichtig gewesen. Mein Mann kümmerte sich, zu meiner Erleichterung, um die Angelegenheiten, ich hätte es nicht mehr geschafft. Meine Schwägerin setzte daraufhin sehr bösartige Verleumdungen in die Welt. Das gab mir dann endgültig den Rest. Ich brach zusammen, seelisch und körperlich, mit der schlimmsten Form der Depression, mit Major Depression.

Der mich behandelnde Neurologe meinte, ich müsse zur Behandlung in eine Depressionsabteilung, zuhause ginge das nicht richtig zu behandeln. Ich stimmte schweren Herzens zu. Er hatte von einem Nürnberger Professor erfahren, dass nun auch in Nürnberg eine offene Abteilung für Depressionskranke existierte. Dort brachte mich mein Mann hin. Ich unterschrieb meine Einverständniserklärung und der Professor brachte mich persönlich zu der Abteilung.

Es fehlen mir die Worte, um mein Entsetzen zu beschreiben! Es war die geschlossene Abteilung, in der ich das traumatische Erlebnis

mit dem Psychiater hatte, der hellsehen konnte.! Es war seitens des Professors eine glatte Lüge, so dreist, nur um Patienten zu bekommen! Ich konnte es nicht fassen, da sollte ich jetzt rein! Ich war nicht in der Lage mich zu wehren, ich war so hilflos und schwach.
Der Aufenthalt in dieser Abteilung war einfach menschenunwürdig. Ich dachte, ich hätte das Schlimmste überstanden, ich wusste nicht, dass es noch Steigerungen gab. Wenn man noch keinen seelischen Schaden hatte, bekam man ihn garantiert in dieser Abteilung.
Einige Pflegekräfte erprobten hier ihre Macht. Sie ignorierten die Anordnungen der Ärzte, machten Ihre eigenen Behandlungen und sie tyrannisierten die Patienten mit Beschimpfungen, Vernachlässigung und Ignoranz. Ich war so schwach, so voller Schmerzen, dass ich nachts kaum schlafen konnte. Wenn ich tagsüber endlich ein bisschen schlafen konnte, wurde ich aus dem Bett geworfen und musste mein Bett selbst überziehen. Mein Neurologe versuchte, mich aus meiner Situation zu befreien, er wollte mich in seiner Klinik aufnehmen, das wurde jedoch nicht gestattet, mindestens vier Wochen bräuchte man für die Behandlung.
Ich stand wieder vor einem Darmverschluss. Ein Internist wurde eingeschaltet. Ich musste viele Liter einer Lösung trinken, die den Verschluss löste. Ich bat um etwas Tee, weil ich das normale Essen und Trinken nicht mehr vertrug. „Wenn Sie einen Tee wollen, machen Sie sich ihn selbst!“ Eine Schwesternhelferin hatte Erbarmen mit mir, ich konnte mich kaum auf den Beinen halten. Dann hätte ich die Lösung weitertrinken sollen, zur Vorbeugung, doch sie wurde mir einfach weggenommen. Die Schwester bestimmte, was „gut“ für mich war.
Es war so erschütternd mitanzusehen, wie die Patienten festgeschnallt wurden, wie sie brutal behandelt und niedergeschrien wurden. Ich weiß nicht, ob es wirklich nicht anders möglich war, denn ich war ja bei den Schwerstkranken gelandet. Für einen depressiven Menschen brachten solche Erlebnisse gewiss keine Besserung. Ich

konnte kaum noch etwas essen, die anderen Patienten fielen über mein Essen her.
Allein war ich nicht mehr fähig, die Station zu verlassen. Wenn mein Mann kam, brachte er mich aus diesem Gefängnis bis vor das Haus, wo ich frische Luft schnappen konnte. Dabei mussten wir oft sehr lang warten, bis sich jemand herabließ uns die Tür zu öffnen, es war reine Schikane. Ich hauste in einem winzigen Raum, jede Gefängniszelle wäre komfortabler gewesen. Ein Bett, ein Stuhl, ein winziger Tisch, ein kleiner Schrank, das Zimmer war voll. Das sehr kleine Fenster in einer Zimmerecke war mit dicken Gitterstäben gesichert. Nur wenn ich mich auf die Zehenspitzen stellte, konnte ich hinausschauen. Es gab keinen Fenstergriff, wenn ich frische Luft brauchte, musste ich auf den Gang. Das Zimmer wurde abgeschlossen, bis das Fenster wieder zuggeschlossen wurde. Wie hätte man durch 12 cm breite Gitterstäbe flüchten können?!
Ich hatte Probleme in geschlossenen Räumen. Auch in Aufzügen war ich immer heilfroh, wieder aussteigen zu können. Und wenn ich an die überfüllten Straßenbahnen in meiner Kindheit dachte, da hatte ich auch Panik bekommen, wenn ich zwischen den vielen Menschen feststeckte. Diese geschlossene Anstalt war für mich der reinste Horror! Nicht allein eine Tür öffnen zu können, machte mir Herzklopfen.
Da zeigte mir Gott die Ursache: Ich war sehr klein und kauerte unter unserem Esstisch im Wohnzimmer. Ängstlich blickte ich durch die langen Fransen der selbstgehäkelten Tischdecke hindurch in das dunkle Zimmer. Ich starrte auf das schwarze große Loch, der offenen Zimmertür. Offenbar war keinerlei Licht in der ganzen Wohnung. Hinter mir war das Fenster zur Straße. Ab und zu fuhr ein Auto vorbei. Die Lichtkegel der Scheinwerfer wanderten über dem Türrahmen entlang mit dem Muster der Gardinen, dann war es wieder dunkel. Ich hörte Schritte auf der Holztreppe im Treppenhaus, ich wagte es nicht, mich zu bewegen. Sie gingen an unserer Tür vorbei, ein Stockwerk höher. Welch eine Erleichterung! Dann wieder

Schritte, laut, kräftig, sie blieben vor unserer Wohnungstür stehen. Das war ein Mann. Mein Herz klopfte zum Zerreißen. Dann entfernten sich die Schritte wieder. Ich atmete auf. – Dann endlich hastige Schritte auf der Treppe, eine Frau. Jemand steckte einen Schlüssel ins Schloss und sperrte auf. War das Mutti? „So, da bin ich wieder." Sie lief in die Küche, endlich Licht im Gang, setzte die vollen Taschen mit Gepolter auf den Küchentisch. Ich kauerte immer noch erstarrt unter dem Tisch. „Ingrid, wo bist du denn?" Ich krabbelte hervor und lief in die Küche. „Du hast dich wohl versteckt? Du brauchst doch keine Angst zu haben! Jetzt muss ich mich aber beeilen, Vati kommt gleich zum Abendessen!" Ich stand neben meiner Mutter und streckte mich, damit ich auf den Tisch schauen konnte. Meine Nasenspitze ging bis zu der Tischplatte, so klein war ich noch. Ich wartete darauf, dass mich meine Mutter tröstend in den Arm nahm, ich war traurig und verstört. Aber sie hatte ja keine Zeit, sie hatte wieder zu viel getratscht, hatte die Zeit und ihr Kind vergessen und hatte Angst vor der Zurechtweisung ihres Ehemanns. - Nun hatte ich eine Erklärung, danke Gott!

Eines Tages stand ein Berg von einem Mann in meinem Raum und versuchte, irgendwo hinauszukommen. Ich sprach ihn an, aber da ging er auf mich los und legte seine riesigen Hände um meinen Hals. Ich konnte mich ihm entwinden und alarmierte die Pflegekräfte. Ich mag mich gar nicht mehr daran erinnern, wie sie über ihn herfielen.

Einige Tage später lauerte mir ein Mann in den Gemeinschaftsduschen auf. Er hatte sich auf einen Toilettensitz gestellt, damit ich seine Beine nicht unter der Tür sehen konnte.

Dann sollte ich zu einer Untersuchung des Herzens in ein anderes Gebäude gehen. Mein Mann hatte sich bereit erklärt mich zu begleiten, weil ich so schwach war. Nun sollte ich zwei Stunden vorher hingehen. Ich sagte, dass ich das allein nicht schaffen würde. Die Schwester war unbarmherzig, ich musste allein los. Ich kam vor das Haus und wusste, es ging einfach nicht, ich war so schwach. Wo sollte ich mich niederlassen und auf Hilfe warten? Ich setzte mich

alle zehn Schritte auf einen Mauervorsprung, Treppe usw. - es war kein Mensch in Sicht. Ich brauchte dringend Hilfe! Ich schaffte es tatsächlich bis in das angewiesene Gebäude, wo Menschen waren. Ich brach auf einem Stuhl zusammen, bat um Hilfe und war nicht mehr fähig, mich zu bewegen oder zu sprechen. Die Schwester, genau die, die mich weggeschickt hatte, musste mich im Rollstuhl zurückbringen. Sie war richtig sauer auf mich.
„Der HERR ist für mich, ich fürchte mich nicht. Was können Menschen mir antun? Der HERR ist für mich, er ist mein Helfer; ich kann herabschauen auf meine Hasser. Besser sich zu bergen beim HERRN, als zu vertrauen auf Menschen.“ *Ps 118,6-8*
Zurück in der Station hatte ich auf einmal eine Menge Leute um mich herum, die sehr besorgt waren. Ich verlor immer wieder das Bewusstsein. Mein Blutdruck, so hörte ich, war sehr, sehr hoch.
Als ich wieder einmal kurz zu mir kam, lag ich ausgezogen im Bett und die Ärzte versuchten sich an einem EKG-Gerät. Dann war ich wieder bewusstlos. Als ich wieder zu mir kam, saß ein Pfleger an meinem Bett und überwachte mich. In der Tür stand ein fremder Arzt und sah mich ernst an. Ich fragte: „Was war denn los?“. Er antwortete: „Sie hatten ein Organversagen wegen extremer Schwäche!“ Ich wäre beinahe gestorben und niemand hatte mir geglaubt! Mein, bis dahin zu niedriger Blutdruck, war dauerhaft zu Bluthochdruck geworden. Was mir ganz besonders zusetzte, war, dass genau an diesem Tag mein erstes Enkelkind geboren wurde. So gerne hätte ich es gesehen, oder im Arm gehalten. Stattdessen hatte ich zu kämpfen, um ins Leben zurückzukehren.
Es wurde mir tatsächlich einmal das Essen aufs Zimmer gebracht. Doch mit der Belehrung, dass das einmalig sei. Wollte ich zu essen, müsste ich gefälligst in den Speisesaal. Hatten die nicht mitbekommen, was soeben mit mir passiert war?! Es war für mich ein sehr weiter Weg. Mir war alles egal, ich wollte nur noch raus da. Ich war still, um meine Lage nicht noch schlimmer zu machen.

Nach 4 Wochen kam ich endlich in die Obhut meines Neurologen. Ein hübsches Zimmer im 3.Stock, mit Balkon! Keiner befürchtete, dass ich mich von dort oben hinunterstürzen würde. Mein Gesundheitszustand war so schlecht, dass ich manchmal einfach umfiel, wenn ich auf war. Eines Nachts war ich auf der Toilette, stand auf und dann wusste ich nichts mehr. Ich wachte auf, weil mir mein Gesicht so weh tat. Ich lag mit dem Gesicht auf dem Steinboden in einer großen Blutlache. Mit Mühe konnte ich den Notrufschalter erreichen. Die Nachschwestern halfen mir wieder auf, setzten mich in einen Rollstuhl und ab ging es in die Überwachungsstation. Mein Nasenbein war gebrochen, musste aber nicht operiert werden - und meine Brille war kaputt. Das war noch einmal glimpflich verlaufen.
Neun Wochen später war es so weit, dass ich entlassen werden konnte. Zuhause setzten sich die Stürze fort. Einmal fand mich mein Mann um drei Uhr morgens gegen den Heizkörper gelehnt im Bad auf dem Boden. Keine Ahnung, wie ich da hingekommen war. Mein ganzer Körper war von Blutergüssen übersäht. Offensichtlich versuchte ich immer wieder aufzustehen, fiel aber wieder gegen alle möglichen Gegenstände. Es dauerte viele Wochen, bis diese Prellungen verheilt waren.
Ich war in einer sehr schlechten Verfassung. Ich erholte mich sehr langsam und war nicht mehr in der Lage, meinen Haushalt zu machen. Ich konnte nicht lange genug stehen, um eine Mahlzeit zu kochen, oder Wäsche zu waschen… .

Wie soll es weiter gehen? – nur mit Gottes Hilfe!

Was sollte ich nur machen, damit mein Mann ohne mich zurechtkam? Ich wollte, dass er gut versorgt wäre, sollte es mit mir noch schlimmer werden. Es wäre nicht fair gewesen, meiner Schwiegertochter die ganze Arbeit aufzuhalsen. So beschloss ich, meinem Mann das Kochen beizubringen. Davon wollte er bisher nie etwas

wissen, doch ich konnte ihn überzeugen, dass er keine andere Wahl hatte. Ich setzte mich in die Küche und brachte ihm Schritt für Schritt das Kochen bei. Zuerst seine Lieblingsgerichte, damit er einen Ansporn hatte. Zunächst tat er es sehr widerwillig, doch als die Familie seine Kochkunst lobte, machte es ihm mit der Zeit sogar Spaß. Dann legte ich eine Ringmappe an, wo ich alle meine Rezepte aufschrieb, so wie man sie auch verstehen konnte. Das war dann für ihn eine Erleichterung und ich musste nicht immer danebensitzen, um zu erklären.
Nun hatte ich, ungewollt, viel mehr Zeit, die ich immer öfter mit Gott verbrachte. Wenn es mir nicht gut ging, was jetzt sehr oft der Fall war, hatte ich es mir angewöhnt, die Bibel aufzuschlagen. Da stieß ich dann immer auf Bibelverse, die haargenau zu meiner jeweiligen Situation passten. Es tat mir gut, deshalb machte ich es immer öfter.
„Nahe ist der Herr allen, die ihn rufen, allen, die ihn aufrichtig rufen. Denen, die ihn fürchten, erweist er Wohlgefallen." *Ps 145, 18f*
Außerdem war ich sehr einsam geworden. Wenn man so lange so schwer krank ist, verliert man alle Freunde und Bekannte. Auch Krankenhausbesuche bekam ich keine, von meinen Verwandten kümmerte sich niemand um mich. Meine Eltern und meine Brüder besuchten mich kein einziges Mal, obwohl ich immer wieder im Sterben gelegen hatte.
Dass meine Mutter nicht kam, war mir lieber so, denn sie hatte genug mit der Versorgung meiner Familie zu tun, dafür war ich dankbar. Oft war ich auch zu schwer krank, um überhaupt Besuch empfangen zu können, doch wenn es mir besser ging, kümmerte sich auch niemand um mich. Der Einzige, der immer für mich da war, war mein Mann. Nun aber hatte ich die drei besten Freunde gefunden, die man sich vorstellen kann:

Gott Vater, Gott Sohn und Gott Heiliger Geist

Sie verließen mich nie, sie waren immer erreichbar, Tag und Nacht, sie gaben mir Kraft und die nötige Gelassenheit, meinen Gesundheits-zustand zu ertragen. Gott ließ mich einfach nicht sterben, Er rettete mich immer wieder aus Todesgefahr, warum? Ich verstand es nicht, was hatte er denn mit mir vor, ich konnte doch nichts mehr machen?

Ich versuchte, mich im Haushalt nützlich zu machen. Ich hielt es auch nicht aus, immer nur zu liegen oder zu sitzen. Also stand ich öfter auf und machte Dinge, die mir noch möglich waren, ich räumte auf, deckte den Tisch und im Garten konnte ich noch verwelkte Blumen abschneiden und Vögel füttern. Es war nicht viel, doch ich fühlte mich nicht ganz so nutzlos. Außerdem meinte ich, dass meine Muskeln auch etwas Bewegung bräuchten, um nicht ganz einzurosten.

Gott spricht!

Eines Tages stand ich wieder einmal auf, doch es ging mir so schlecht, dass ich mich gleich wieder setzen musste. Mein Herz raste und ich hatte starke Schmerzen. Ich dachte so bei mir: „Ach lieber Gott, lass doch mein Herz wieder normal schlagen und lass die Schmerzen so sein, dass ich sie ertragen kann. Ich muss doch wenigstens etwas tun und Schmerztabletten darf ich nicht mehr nehmen, ich hatte schon alle, die ich nehmen darf, sonst vergifte ich mich.“ Ich betone nochmals: das dachte ich nur, ich hätte mich nicht getraut, Gott um so etwas zu bitten.

Und siehe da – mein Herz schlug plötzlich ruhig und die Schmerzen waren deutlich reduziert. Ich saß ganz verblüfft da und überlegte:

„Wie ging das denn jetzt? Ist das eine besondere Gabe, die ich habe, oder was ist da jetzt passiert?"
Auf einmal hörte ich deutlich eine Stimme, die mir Antwort auf meine Gedanken gab:

„Das kann jeder, ich bin für alle Menschen da, man muss nur danach streben. Erzähle es weiter!"

Dann folgte noch eine Liste mit Namen, denen ich diese Botschaft sagen sollte. Ich war so erschrocken, dass ich Mühe hatte, es zu begreifen.
Zu dieser Zeit war ich noch sehr schüchtern. Mit anderen Menschen über Gott zu sprechen war eine große Herausforderung für mich. Doch Gott wollte es so, also machte ich es. Bei dem einen Namen fiel es mir besonders schwer und es kostete mich große Überwindung, gehorsam zu sein. Ich war immer noch ganz durcheinander, dass ich tatsächlich Gottes Stimme gehört hatte. Zu mir hatte Er gesprochen, ich fühlte mich doch überhaupt nicht würdig!
Dann berichtete ich Gott, dass ich es weitererzählt hatte und hoffentlich alle Namen richtig verstanden hatte. Doch bei dem einen Namen war es mir so schwergefallen, warum hast Du mir den gegeben? Da bekam ich nochmals eine Antwort:

Ich wollte deinen Glauben prüfen.

Es war so unglaublich, Gott sprach ein zweites Mal zu mir. Nun war mein Wissensdurst geweckt, ich musste viel mehr über diesen geheimnisvollen Gott erfahren.
„Ihr werdet mich suchen und ihr werdet mich finden, wenn ihr nach mir fragt von ganzem Herzen. Und ich lasse mich von euch finden – Spruch des Herrn." *Jer 29,13*

„Siehe, ich stehe vor der Tür und klopfe an. Wenn einer meine Stimme hört und die Tür öffnet, bei dem werde ich eintreten und Mahl mit ihm halten und er mit mir." Offb 3,20

Ich zerbrach mir den Kopf, warum mir Gott so eine Aufgabe gestellt hatte. Er wusste doch alles über mich, er kannte meine geheimsten Gedanken, warum wollte Er meinen Glauben prüfen? Er musste doch auch wissen, dass ich gehorchen würde. Erst Jahre später zeigte mir der Hl. Geist, was das bedeutete: Dass ich den Menschen gehorchte, war klar, dass ich Gottes Willen erfüllte, das hoffte ich zumindest. So sicher war ich mir da noch nicht. Gott hat uns ja den freien Willen geschenkt.

Als Gott mir diese Aufgabe stellte, wollte Er wissen, ob ich bedingungs-los gehorche, selbst wenn es sehr schwer fällt. Ich hätte vielleicht auch sagen können: „Das mache ich, aber das kann ich einfach nicht, das lasse ich sein, es wird schon auch so reichen!" Hier ging es ja auch nicht um meine persönlichen Bedürfnisse, es ging um einen Auftrag, den mir Gott erteilt hatte. Er wollte einfach wissen, ob es mir ernst ist mit der Beziehung zu ihm! Vielleicht richteten sich danach auch die Aufgaben, die Er mir heute zutraut. Wer weiß?

Seit dieser Zeit wartete ich immer wieder, dass Gott richtig zu mir spricht. Diesmal würde ich es richtig genießen und nicht mehr erschrecken, doch ich wartete scheinbar vergebens.

Ich weiß, was Gott von mir erwartet und er gibt mir heute Antwort auf meine Fragen, doch nicht mehr so wie an diesem Tag. Es ist mehr eine innere Stimme, die zu mir spricht, auch in Visionen und Träumen spricht Er heute zu mir.

Mein Bibelstudium beginnt – mein Körper zerfällt

Nun begann ich mit meinem „Bettstudium", so nannte ich es. Die Bibel war immer bei mir, ob zuhause oder im Krankenhaus, immer griffbereit. Bücher über Gott lösten meine vorherige Lektüre ab, ich war ganz begierig danach, mehr über Gott zu erfahren. Das war wohl auch so von Gott gewollt. Er will, dass wir Hunger und Durst nach einer liebevollen Gottesbeziehung bekommen. Diese intime Verbindung sollte sich noch als Glücksfall erweisen, Gott hatte mich rechtzeitig vorbereitet.

„Wer Durst hat, komme zu mir und trinke, wer an mich glaubt. Wie die Schrift sagt: Aus seinem Inneren werden Ströme von lebendigem Wasser fließen.“ *Joh 7, 37b-38*

„Ich bin das Alpha und das Omega, der Anfang und das Ende. Wer durstig ist, den werde ich unentgeltlich aus der Quelle trinken lassen, aus der das Wasser des Lebens strömt.“ *Offb 21,6*

Meine Krankengeschichte ist noch lange nicht zu Ende. Die Schmerzen wurden immer schlimmer, ich konnte kaum noch laufen. Es wurde eine schwere Osteoporose festgestellt, das heißt, meine Knochen sahen aus wie ein Schweizer Käse, mit vielen Löchern in der Knochensubstanz. Die Knochen brachen einfach so, wenn ich mich bewegte. Das Steißbein, meine „Achillesferse“, brach zum fünften Mal: Das erste Mal beim Schlittschuhlaufen, ein zweites Mal beim Bodenturnen, zum dritten Mal bei der Geburt meines Sohnes, ein viertes Mal bei einem Versuch, Fahrrad zu fahren und nun das fünfte Mal durch Osteoporose, nun gleich zweimal mit einhergehender Knochenhautentzündung. Sitzen ging gar nicht mehr. Ich kniete wieder einmal vor den Sitzgelegenheiten und legte meine Arme auf die Sitzfläche.

Das Becken hatte erst einen Bruch, nach ein paar Wochen waren es drei, dann sechs, zum Schluss waren es elf_Beckenbrüche. Als ich beim MRT war, ging ich mühsam mit zwei Unterarmstützen zur Besprechung zum Röntgenarzt. Er sah mich sehr prüfend an, dass ich dachte: „Habe ich noch mein Essen im Gesicht, so wie die Nudel bei Loriot?“ Dann erklärte er die Aufnahmen und zählte die Brüche. Ich sagte ganz gedankenverloren: „Wie kann man denn da noch laufen?“ Er erwiderte: „Das habe ich mich auch gerade gefragt, als Sie hergelaufen sind.“

Ich hatte dann auch noch einige Rippenbrüche, einen Kreuzbeinbruch und die Beckenknochen zerbrachen einfach, es gab Trümmerbrüche. Die Teile begannen in meinem Bauch zu wandern, was höchst problematisch war, da der Darm ja mit den Organen und der Bauchdecke verwachsen war. Das Becken war in zwei Teile zerbrochen, ein Bruch hinten, einer vorne. Das machte das Laufen sehr schwierig, denn die Körperhälften liefen nicht mehr synchron, sie verschoben sich gegeneinander. Der nächste Röntgenarzt meinte: „Wenn ich das Sagen hätte, ich würde Sie keinen Schritt mehr laufen lassen, es kann alles jederzeit zusammenbrechen!“ Ich bekam eine Therapie mit Spritzen verordnet, man versuchte, die Osteoporose wenigstens aufzuhalten. Drei Jahre lang musste ich mir selbst die Spritzen geben. Dazu hatte ich hochdosiert täglich Vitamin-D einzunehmen. Mein Körper konnte dieses Vitamin nicht mehr selbst verarbeiten, deshalb die schwere Osteoporose.

Ich hatte auch einen „Glaswirbelkörper“ in der Brustwirbelsäule, d.h. auf dem Röntgenbild ist nur der Umriss zu sehen, innen ist er hohl. „Der wird auch irgendwann zusammenbrechen“ sagten die Ärzte.

Eine Hiobsbotschaft nach der anderen! Mein rechtes Hüftgelenk sah aus wie nach einem schweren Motorradunfall, so sagte der Arzt. In meiner Halswirbelsäule fehlten fünf Bandscheiben. „Sie wird steif werden.“ Ich konnte den Kopf kaum mehr auf die Seite drehen, oder an die Decke schauen. Durch Zufall entdeckten die Ärzte ein „Knochenfibrom“ an einer schwer zugänglichen Stelle des Hüftknochens. Ich musste wieder operiert werden. Die Befürchtung, dass ich jetzt auch noch Knochenkrebs hatte, bestätigte sich, Gott sei Dank, nicht. Die zahlreichen Knochenbrüche konnte man nicht durch Operationen beheben, es hätte keine Schraube in meinen morschen Knochen gehalten. Ich musste damit leben!

Es waren unvorstellbare Schmerzen, ich konnte sie nicht mehr ertragen. Ich bekam acht Schmerztabletten am Tag und ein Morphium-Pflaster, die Dosis musste laufend erhöht werden. Die letzten Jahre musste ich wegen unerträglicher Schmerzen auch noch stundenlang

an Infusionen angeschlossen werden, ich hatte bereits die höchste Stufe von Morphium. Ich verbrachte viele Nächte im Stehen, an die Wand gelehnt, weil ich vor Schmerzen nicht mehr liegen oder sitzen konnte. Unsere Hausärztin musste oft kommen, um meine Qualen mit zusätzlichen Spritzen zu lindern.
Zu meinen schlimmsten Zeiten hatte ich für meine zahllosen Erkrankungen 50 Tabletten täglich. War man anfangs sehr besorgt, dass die Medikamente mir schaden würden, vor allem den Nieren und der Leber, so gab man mir jetzt alles, was nur irgendwie helfen und lindern konnte. Inzwischen war es egal, an was ich sterben würde.
Wie sollte es nur weitergehen? Ich konnte diesen Zustand auf die Dauer nicht mehr ertragen. Der Neurologe warnte mich bereits, dass ich keine zusätzlichen Schmerzen mehr verkraften konnte.

Gott ist meine einzige Hoffnung

Die Gefahr, wahnsinnig zu werden, war sehr groß. Nachdem ich inzwischen eine innige Beziehung zu Gott aufgebaut hatte, musste ich bei Gott eine Lösung finden. Er ließ mich einfach nicht sterben, doch wenn ich weiterleben sollte, musste ich mich in Gottes Arme fallen lassen. Ich las über Jesu Leidensweg und empfand furchtbares Mitleid. Er war frei von jeglicher Schuld, ein wunderbarer, heiliger Gottessohn, der all dieses schreckliche Leiden auf sich nahm, um uns zu erlösen, um uns Frieden, Freude, Heilung und das ewige Leben zu bringen.
Ich beschloss, mein Leiden, mein ganzes Leben Jesus aufzuopfern. Ich sagte: „Jesus, Du hast für uns, auch für mich, so unsäglich gelitten, ich opfere dir mein Leiden auf. Wenn es Dir dienlich ist, will ich für Dich leiden, dann macht es mir nichts aus. Für Dich mache ich das gerne. Du hast für uns so gelitten, warum sollten wir Menschen

nicht auch für Dich leiden?! Ich weiß nicht, was Du mit mir vorhast, ich verstehe Dich nicht, aber ich vertraue Dir."

Es war einfach wunderbar, seit diesem Moment konnte ich die Schmerzen wieder ertragen.

„Die Bereitschaft zu leiden bringt uns an den Fuß des Kreuzes, und das Kreuz bringt uns an die Pforte des Himmels". Hl. Pfarrer von Ars (Johannes Maria Vianney)

Es kehrte Frieden, Freude, Gelassenheit, Ruhe, Geduld und Gottvertrauen bei mir ein. Da beschloss ich, dass ich nie mehr ohne diesen Frieden leben wollte. Ich würde alles mir Mögliche tun, um diese wunderbaren Geschenke zu erhalten.

„Freut euch im Herrn zu jeder Zeit! Noch einmal sage ich: Freut euch! Eure Güte werde allen Menschen bekannt. Der Herr ist nahe. Sorgt euch um nichts, sondern bringt in jeder Lage betend und flehend eure Bitten mit Dank vor Gott! Und der Friede Gottes, der alles Verstehen übersteigt, wird eure Herzen und eure Gedanken in Christus Jesus bewahren". Phil 4,4-8

Jede neue, schlechte Nachricht quittierte ich mit einem Lächeln.

„Selig der Mann, der den Herrn fürchtet und sich herzlich freut an seinen Geboten. – Er fürchtet sich nicht vor böser Kunde, sein Herz ist fest, auf den Herrn vertraut er." Ps 112,1,7

Es machte mir einfach nichts mehr aus. Insgeheim begrüßte ich sogar schlechte Nachrichten. War es doch ein Baustein auf dem Weg zu Gott. Nur musste ich sehr vorsichtig sein, das begriff ich sehr schnell. Ich sah die Gesichter der Ärzte und wusste genau, was sie dachten: „Die arme Frau, jetzt ist sie schon so krank, nun wird sie wohl auch noch geistig umnachtet!" Ich konnte es ihnen nicht verdenken, ich hätte vermutlich auch solche Schlüsse gezogen. Aber ich hatte schließlich schon sehr unangenehme Erfahrungen mit der Psychiatrie gemacht, ich musste auf meine Mimik und meine Worte achten, denn da hätten mich keine zehn Pferde mehr hinbekommen. Doch wie hätte ich meine eigenartige Ruhe und Gelassenheit erklären sollen?

„Bei Gott allein werde ruhig meine Seele, denn von ihm kommt meine Hoffnung. Er allein ist mein Fels und meine Rettung, meine Burg, ich werde nicht wanken. Bei Gott ist meine Rettung und meine Ehre, mein starker Fels, in Gott ist meine Zuflucht." Ps 62,6-8

Ich muss gestehen, dass ich mich immer freute, wenn ich den Ärzten Rätsel aufgab. Wenn sie mich so voll Erstaunen und Unverständnis ansahen, lachte ich zuhause, zusammen mit Jesus. Wir freuten uns beide über dieses wunderbare Geheimnis, das nur uns bekannt war. Selbst wenn ich es wollte, hätte ich es nicht erklären können, ich war damals noch viel zu schüchtern und überhaupt nicht redegewandt. Selbst mein Mann zweifelte an meinem Verstand und fragte mich einmal: „Hast du denn überhaupt verstanden, was der Arzt gesagt hat?" „Selbstverständlich, dass ich keinen Krebs habe, habe ich doch schon lange vorher gewusst!" Es war wohl schwer zu verstehen, denn er sah mich verständnislos an.

Das Beste aber war – ich hatte überhaupt keine Angst mehr. In der Bibel steht 366-mal „Habt keine Angst!"

„Denn Gott hat uns nicht einen Geist der Verzagtheit gegeben, sondern den Geist der Kraft, der Liebe und der Besonnenheit." 2 Tim 1

Meine besten Freunde

Ich hatte es verstanden und erfahren, es war so wunderbar! Ich hatte die besten Freunde, die es gibt. Gott Vater, Gott Sohn und Gott Hl. Geist. Sie beschützten mich, sie machten mir Mut und sie waren immer für mich da. Wenn ich jetzt wusste, dass eine Behandlung oder eine Untersuchung sehr schmerzhaft sein würde, bat ich Jesus bei mir zu bleiben und meine Hand zu halten. Das tat Er immer - ich fühlte mich so sicher, so geborgen. Ich wusste, ich brauchte mir keine Sorgen zu machen, Gott kümmerte sich um alles. Ich war voll Vertrauen und wurde nie enttäuscht!

Es wurde alles so einfach! – Es war so einfach!

Nun kamen die Krankheiten wie im Zeitraffer. Eine Immunerkrankung der Schilddrüse (Hashimoto Thyreoiditis) sorgte dafür, dass sie sich immer mehr selbst zerstörte, meine Nebennieren funktionierten kaum noch und mein Darm stellte endgültig seine Funktion ein. Trotz großer Mengen von Abführmitteln war ich einmal im Jahr im Krankenhaus wegen drohendem Darmverschluss. Mein Darm hatte einfach seinen jahrzehntelangen Kampf gegen die „Fesseln“ aufgegeben, die ihn an der Bewegung hinderten.
Als ich das letzte Mal im Krankenhaus deswegen war, sagte der Professor zu mir: „Wenn Sie wiederkommen, kriegen wir das auf diese Weise nicht mehr hin. Wir müssen Sie dann operieren. Das ist aber so eine komplizierte Operation, dass Sie höchstwahrscheinlich daran sterben werden.“ Diese Aufklärung mag grausam erscheinen, doch ich wollte immer alles genau wissen. Wenn ich nicht genau wusste, was los war, hatte ich keine Ruhe. Wenn ich die Wahrheit kannte, auch wenn sie nicht schön war, konnte ich mich darauf einstellen, oder damit abfinden. Nach dem Motto; „Gefahr erkannt, Gefahr gebannt!“

An was ich sterbe, ist doch egal

So wurde meine Auswahl an Sterbemöglichkeiten immer größer. Es berührte mich kaum, an was ich letztendlich starb war doch egal.
Ich litt an beständig zunehmender Herzschwäche und ich bekam nicht mehr richtig Luft. Es wurde eine Lungenfibrose diagnostiziert, die Lungenbläschen wurden immer weniger, die Lunge wurde immer kleiner. Ich brauchte Sauerstoff, pro Stunde drei Liter. Ich hatte einen Sauerstoffaufbereiter und ein sogenanntes „Nasenfahrrad“, Schläuche in der Nase, die mir den benötigten Sauerstoff zuführten.
Eines Morgens schaute ich in den Spiegel und ein Muskel an meinem Hals war verschwunden. Ich konnte meinen Kopf nicht mehr aufrecht halten, er fiel immer wieder auf meine Brust. Ich brauchte eine

Halskrause. Inzwischen war die Muskelmasse an meinem Nacken auf 10% geschrumpft. Nun hatte ich am Morgen viel zu tun, um meine „Ritterrüstung" anzulegen. Da waren die Knöchelbandagen, Kniebandagen, Daumenstützen, Halskrause, Beckenprotektor und die Binden, mit denen ich täglich meine Beine wickeln musste. Es bestand seit dem Magendurchbruch beständige Thrombosegefahr, doch Stützstrümpfe waren nicht sinnvoll, weil meine Beine sehr unterschiedlich anschwollen. Trotz zweimaliger wöchentlicher Lymphdrainage als Hausbesuch (es war viel zu anstrengend in die Praxis zu gelangen), lagerte ich viel Wasser im ganzen Körper ein.
Wo auch immer ich einen Termin hatte, musste ich im Rollstuhl gefahren werden. Ich habe viel Diskriminierung erlebt. Bei vielen Menschen ist eine körperliche Behinderung offensichtlich gleichbedeutend mit geistiger Behinderung. Es war sehr verletzend. Wenn ich dann etwas sagte, wurde ich erstaunt angesehen: „Was, die kann ja reden!", viel Beachtung fand ich trotzdem nicht. Es wurde über mich getuschelt, man blickte mich neugierig an, doch wenn ich hinschaute, wandten sie sich schnell ab. Selbst wenn ich ganz verloren im Rollstuhl in der Gegend herumstand, Hilfe bot mir niemand an.
Dann löste sich mein linker Oberarmmuskel, er hing nur noch als Päckchen am Ellenbogen. Zur Abklärung wurde ich in die Universitätsklinik nach Regensburg geschickt. Dort gab es Spezialisten für seltene Muskelerkrankungen. Nach vielen anstrengenden und schmerzhaften Untersuchungen sollte ein Stück Muskel aus meinem Bein entfernt werden. Niemand konnte mir sagen, ob man die Erkrankung herausfinden würde, und wenn, ob man sie dann behandeln konnte. Da hatte ich genug. Ich wollte nur noch meine Ruhe haben, ich sagte ganz entschieden: „Nein, jetzt reicht´s!"
Nachdem mein Immunsystem nicht mehr funktionierte bekam ich viele Infektionskrankheiten. Chronische Bronchitis und Lungenentzündung, Magen- und Darmerkrankungen… . Es würde zu weit führen, alles aufzuzählen. Immer wieder Antibiotika, mit anschließen-den Pilzinfektionen aufgrund der Antibiotikaeinnahme. Ich

hatte so starke Blutarmut, dass ich Blutinfusionen brauchte, starken Eisenmangel, sodass ich Eiseninfusionen bekam. Sehnenscheidenentzündungen, Eiterherde an Fußnägeln, Refluxerkrankung des Magens und ich war inkontinent. Es war ein ständiger Kampf ums Überleben und ich fragte manchmal ganz verzweifelt: „Warum lässt Du mich nicht sterben? Gott, was hast Du denn noch mit mir vor? Ich kann doch gar nichts mehr machen, ich bin 100% behindert, ich bin ein Krüppel. Warum nur muss ich immer weiterleben und so viel leiden? Ich verstehe Dich nicht – aber ich vertraue Dir!!! Du weißt schon, was Du tust, ich lege mein Schicksal in Deine Hände."

„Nahe ist der Herr den zerbrochenen Herzen und dem zerschlagenen Geist bringt er Hilfe. Viel Böses erleidet der Gerechte, doch allem wird der Herr ihn entreißen." Ps 34,19

Wenn ich Gott mein Vertrauen ausgesprochen hatte, aus vollem Herzen, ging es mir immer gleich besser. Ich weiß, dass Gott dann Seinen Segen und Seine Gnade, vor allem Seine unbegreifliche Liebe über mir ausschüttete.

„Aber der Herr ist treu; er wird euch Kraft geben und euch vor dem Bösen bewahren." 2 Thess 3,3

Im Mai 2014 konnte mich mein Mann kaum aufwecken. Als es ihm schließlich gelang, konnte ich mich nicht mehr alleine aufsetzen, geschweige denn aufstehen. Er zog mich immer wieder hoch, doch ich fiel immer wieder zurück. Ich konnte nur noch undeutlich sprechen, mir fielen die Wörter nicht mehr ein, die ich gebraucht hätte. Merkwürdigerweise kannte ich aber dieselben Wörter in Englisch. Wenn ich aber plötzlich zusammenhangslos ein englisches Wort sagte, schauten mich alle verwundert an. Ich konnte keine Tasse mehr allein halten, ich konnte nicht mehr allein essen.

Ich wusste, das ist ein Schlaganfall! Und – so unglaublich das auch klingen mag – ich war überglücklich! Ich wusste, nun würde ich bald bei Jesus sein, endlich hatte das ganze Leiden ein Ende! Ich verabschiedete mich von meinem Mann, die ganze Familie kam an mein Bett, um mich noch einmal zu umarmen. Doch zu unserer Überra-

schung wurde mein Gesundheitszustand nicht zusehends schlechter, wie das bei einem Schlaganfall üblich ist, nein, er wurde zusehends besser! Ich verstand gar nichts mehr.
An diesem Sonntag sollte meine kleine Enkeltochter zur Erstkommunion gehen. Schon vor einem Jahr hatte ich ihr versprochen, dass ich ganz bestimmt da sein würde; wenn ich nicht in die Kirche konnte, würde ich wenigstens zuhause sein. Nun entschied ich mich, nicht ins Krankenhaus zu gehen, ich wollte es darauf ankommen lassen - sollte ich deswegen sterben, dann war es auch gut, sollte es wirklich weiter besser werden, was sollte ich dann im Krankenhaus? Natürlich war mir klar, dass ich sofort ins Krankenhaus gemusst hätte, aber bei meinem Zustand? Was hatte ich zu verlieren, doch meine Kleine hatte viel zu gewinnen - eine Oma, die ihre Versprechen hält!
Mein Mann organisierte einen Pflegedienst, ich bekam einen Toilettenstuhl und wurde wie ein Baby gewaschen, gewickelt und versorgt. Am Montag wurde ich dann ins Krankenhaus gebracht, die Ärzte waren entsetzt: „Wieso kommen Sie erst jetzt?" Vielleicht spielte ich ja nur die Kranke?! - Das kam mir so bekannt vor.
Doch die Ärzte mussten sich damit abfinden, dass da eine Blitzheilung vor sich ging. Ich konnte bereits nach 3 Tagen wieder allein ins Bad gehen, die Schwester wollte mich aufhalten, ich war schneller. Nach zwei Wochen konnte ich wieder perfekt sprechen, essen, schreiben und es schien mir, dass meine Gedächtnisleistung besser war als vorher.
Aber, dass Gott mich immer noch nicht haben wollte, das verstand ich überhaupt nicht. Es fiel mir sehr schwer zu begreifen, dass ich weiterleben musste, ich hatte mich doch schon so auf ein Treffen mit Jesus gefreut. Warum nur? Allmählich freundete ich mich mit dem Gedanken an, dass mein Leben noch nicht zu Ende war. Ich erinnerte mich an all die positiven Dinge, die ich trotz meiner Krankheit erlebt hatte. Kleine Familienfeste, Erlebnisse mit meiner Familie, vor allem mit meinen bezaubernden Enkelkindern, ich würde sie alle wiedersehen. Ich würde wieder am Fenster sitzen können,

meinen Garten ansehen können, beobachten, wie er von den Jahreszeiten verwandelt wurde. Es war Gottes Schöpfung, ebenso wie die vielen Vögel, die dankbar unsere Fütterung annahmen. Ich kannte sie alle, mein Herz ging auf, wenn ich ihr Treiben beobachtete, wie schön war doch die Welt. So war ich dann froh, dass ich weiterleben durfte. Ich war sehr dankbar, dass ich das alles erleben konnte und in meinen schlimmsten Stunden rief ich mir all das Schöne in Erinnerung. Und ich nahm mir vor, geduldig auf das zu warten, was Gott noch mit mir vorhatte. Es musste doch einen Grund geben!
„Wer nicht sein Kreuz auf sich nimmt und mir nachfolgt, ist meiner nicht wert."
Mt 10,38

Die Ärzte geben auf – und Gott heilt!

Auf meine Nachfrage teilten mir die Ärzte Ende 2014 mehr oder weniger direkt mit: „Wir können nichts mehr für Sie tun. Genießen Sie noch die Zeit mit Ihrer Familie zuhause, so gut es geht."
Es ging rapide bergab. Jeder Tag brachte neue, böse Überraschungen. Ich wusste genau, dass ich nicht mehr lange leben würde. Es machte mir nichts aus, irgendwann musste diese unendliche Geschichte doch zu Ende sein. **Ich war bereit – doch Gott hatte mit mir noch etwas vor!**

Meine Schwiegertochter Margret hatte, durch eine Freundin, von sogenannten Heilungsgottesdiensten in Wiesbaden gehört. Sie war höchst interessiert, fuhr mit der Freundin dorthin, um sich das einmal anzusehen. Es handelte sich um eine freie evangelische Gemeinde, die einmal im Monat Heilungsgottesdienste abhielt.
Für Schwerkranke, die nicht mehr in der Lage waren, selbst zu kommen, sprach der Pastor, Andreas Herrmann, den Heilungssegen über **Handy.** Es klang auch für uns alle unglaublich. Über Handy? Gott kommunizierte über Handy? Doch wenn man sich das genauer

überlegte, kam man zu dem Schluss: Warum eigentlich nicht: **Bei Gott ist doch alles möglich!**
Am Samstag, dem 7.Februar 2015 um 21.15 Uhr klingelte das Telefon. Es war Margret aus dem Heilungsgottesdienst. Sie sagte zu mir: „Du musst jetzt einfach nur zuhören, es wird dir von Andreas Herrmann der Segen Gottes um Heilung übermittelt!" Ich lauschte angestrengt, hörte aber nur Bruchstücke: „Jesus – Heiliger Geist – Heilung vom Kopf bis zu den Zehen." Plötzlich hatte ich stärkere Schmerzen im Nacken und in den Schultern. Was war denn jetzt schon wieder los? Margret fragte: „Hast du irgendetwas gespürt?" „Ja, mehr Schmerzen, Heilung war das doch nicht, oder?" –
Ich saß ziemlich verdattert da, doch plötzlich hatte ich das dringende Bedürfnis, meinen linken Arm zu heben. Bisher ging er nur bis in Schulterhöhe. Ich hob ihn an und er ging weiter, ohne Schmerzen, ohne Widerstand, bis ich ihn über meinen Kopf gehoben hatte. Nun versuchte ich es mit dem rechten Arm, derselbe Erfolg. Ich probierte meine Beine, sie gingen nahezu von allein hoch, so wie früher. Sonst musste ich sie mit beiden Händen anheben.
Das musste ich genauer sehen! Ich stellte mich vor den Spiegel und probierte dasselbe noch einmal. Ich lachte, „tanzte" und bewunderte meine gelenkigen Glieder. Auch meinen Kopf konnte ich plötzlich wieder in alle Richtungen drehen und ich stand ganz aufrecht. Welch ein Wunder!

Halleluja – Gott ist so groß, so barmherzig – Halleluja!

Ich glaube, niemand, der nicht Ähnliches erlebt hatte, kann sich vorstellen, welche überschäumende Freude ich empfand. Nach all dem Leid. Nun ging es jeden Tag ein bisschen besser. Ich freute mich über den kleinsten Fortschritt und war Gott so unendlich dankbar. Es gab wieder etwas, auf das ich aufbauen konnte. Ich begann, mich auf ein neues Leben vorzubereiten.
„Dankt dem Herrn, denn er ist gut, denn seine Huld währt ewig!" *Ps 118,29*

„Die mit Tränen säen, werden mit Jubel ernten." Ps 126,5
„Du ließest mich viel Angst und Not erfahren, du wirst mich neu beleben, du führst mich wieder herauf aus den Tiefen der Erde." Ps 71,20

Gott „bewegt"

Eine Woche später wachte ich nachts auf, weil sich mein Kopf bewegte, ganz ohne mein Zutun. Dann fing meine Wirbelsäule an, sich ganz langsam zu strecken und zu drehen, behutsam, aber unaufhörlich schraubte sie sich nach oben und unten. Dann folgten der Brustkorb und das Becken. Sie dehnten und streckten sich. Schließlich waren die Schultern an der Reihe, dann die Arme und Beine und zuletzt noch die Finger und die Zehen. Es war ein Gefühl, als würde ich 10 cm wachsen. Der ganze Körper war in Bewegung.
Ich lag da und beobachtete gespannt, was da mit mir geschah. Es ging so vorsichtig und schmerzlos vonstatten. Ich lachte vor Begeisterung und pries Gott für Seine wunderbare Idee. Was ging da vor sich? Es mussten irgendwelche guten Geister sein, Engel vielleicht, die meinen Körper wieder in Ordnung brachten?! Als ich am Morgen aufstand, brauchte ich keine zusätzlichen Schmerzmittel, es ging mir viel besser und ich konnte aufrecht laufen.
Das geheimnisvolle Strecken und Recken ging weiter, anfangs fast jede Nacht. Und nicht nur einmal, sondern mit kurzen Pausen dazwischen, immer dreimal hintereinander. Ich habe versucht, diese Bewegungen nachzumachen, das hat nicht funktioniert. Manchmal waren die Muskeln quer zueinander, manchmal schoben sie sich gegeneinander oder längs.
Es gingen noch andere merkwürdige Dinge in mir vor. Manchmal fühlte ich mich, zu meinem Bedauern, richtig schlecht. Ich stellte fest, dass sowohl mein Blutdruck als auch meine Körpertemperatur Kapriolen schlugen. Im Halbstundenrhythmus war mein Blutdruck entweder viel zu hoch oder viel zu niedrig. Und meine Temperatur stieg auf 37,8° und fiel dann bis auf 34,1° herunter. Konnte man mit

34,1° überhaupt leben? Das jagte mir einen Riesenschrecken ein. Ich hatte auf einmal richtig Angst, dass ich wieder ins Krankenhaus müsste. Ohne richtig nachzudenken, bat ich Gott in meiner Panik, mir doch eine Pause zu gönnen. „Ich halte das Tempo nicht aus!“
Gott erhörte mich, ich bekam meine Pause – es ging mir so schlecht, eben genauso, wie es vorher war. Mir war gar nicht mehr bewusst, dass es sich schon so sehr gebessert hatte. Was war ich nur für ein blöder, undankbarer Mensch! Wo war denn plötzlich mein Gottvertrauen hingekommen? Wie konnte ich nur den Heilungs-prozess so unüberlegt stoppen?! Ich lief genauso krumm wie vorher, die Schmerzen waren wieder unerträglich.
Also flehte ich reumütig zu Gott: „Verzeih mir, barmherziger Gott, ich bin einfach nur ein dummer Mensch. Du hast diesen wunderbaren Heilungsprozess angefangen, dafür danke ich Dir von ganzem Herzen. Ich will Dir nie mehr ins Handwerk pfuschen, das verspreche ich Dir, Dein Wille geschehe. Bitte, lass die Heilung weitergehen, ich überlasse fortan alles Dir, Du weißt viel besser, was für mich gut ist!“
Gott erfüllte mir zu meiner großen Erleichterung wieder meinen Wunsch.
„Darum sage ich euch: Alles worum ihr betet und bittet – glaubt nur, dass ihr es schon erhalten habt, dann wird es euch zuteil.“ Mk 11,24
„Und alles was ihr im Gebet erbittet, werdet ihr erhalten, wenn ihr glaubt.“ Mt 21,22
In der nächsten Nacht ging das Schrauben, Drehen, Strecken und Wachsen über zwei Stunden – vielleicht musste die verlorene Zeit wieder aufgeholt werden? Früh ging es mir dann wieder viel besser und der letzte Rest von Angst war endgültig ausgeräumt. Ganz bestimmt würde ich Gott nicht mehr bitten, eine Pause zu machen. Unvorstellbar, wenn die Heilung nicht mehr weiter gegangen wäre, was hatte ich da nur angestellt! Gott würde schon alles richtig machen, ich wollte ihm bedingungslos vertrauen.

„Furcht gibt es in der Liebe nicht, sondern die vollkommene Liebe vertreibt die Furcht." 1. Joh 4,18

Später erfuhr ich, dass solche extremen Schwankungen der Körperfunktionen nicht ungewöhnlich sind, wenn sich Heilungsprozesse im Knochenmark abspielen. Da sitzt das Immunsystem - und da meines schon lange zerstört war, gab es dort sicherlich viel zu reparieren, deshalb diese starken Schwankungen.

Erinnerung an das Handeln Gottes

Dieser Zwischenfall hatte mich gelehrt, dass man sich sehr gut überlegen sollte, um was man Gott bittet, es könnte in Erfüllung gehen! Dabei fiel mir ein, dass ich vor vielen Jahren einmal Gott um ähnliches gebeten hatte:

Mein kleiner Sohn Michael war noch nicht in der Schule und er bekam immer schnell Erkältungen. Dieses Mal wurde es gleich eine Bronchitis und zwei Tage später eine Lungenentzündung. Ich litt sehr mit ihm und war sehr froh, als es ihm wieder besser ging. Kurze Zeit später erkrankte mein Mann an Grippe, er war leider kein sehr geduldiger Patient und stilles Leiden war nicht seine Stärke. Es erschreckte mich sehr und ich hatte Angst um ihn. So heftig wie er reagierte, musste er sicher sehr schwer krank sein.

Kaum war er wieder auf dem Weg der Besserung, fing mein kleiner Sohn wieder mit Schnupfen an, zwei Tage später Bronchitis und am nächsten Tag wieder Lungenentzündung. Das war einfach zu viel für mich. Ich war so verzweifelt. Sollte ich meine beiden Männer verlieren? Sie waren mein Leben, sie waren alles, was ich hatte. Ohne sie hätte mein Leben keinen Sinn mehr gehabt. So betete ich voll Inbrunst zu Gott: „Bitte lass meinen Michael und meinen Heinz gesund werden. Sie sind für mich lebenswichtig, doch sie können keine Schmerzen und keine Krankheiten aushalten. Gib mir die Krankheiten, die sie betreffen, ich kann besser damit umgehen. Es ist mir lieber, dass ich krank bin, als dass ich ihrem Leiden hilflos zusehen muss.“

Im Nachhinein ist es schon erstaunlich, dass sie alle beide nie mehr ernsthaft krank waren, dafür ich umso mehr. Hatte mir Gott diesen Wunsch erfüllt? Später sagte ich oft: „So viel kann doch ein einziger Mensch gar nicht aushalten, ich glaube, ich leide für alle in unserer ganzen Straße mit!“ Dann kam der Zeitpunkt, wo ich nichts mehr aushalten konnte. Ich bat Gott: „Gib mir bitte nicht mehr die Krankheiten von anderen Menschen, auch wenn es meine Lieben sind. Ich ertrage sie einfach nicht mehr, ich habe wirklich genug mit mir zu tun. Ich kann nicht noch mehr tragen!“ Ob damit bei meinen Krankheiten etwas weggefallen ist, weiß ich natürlich nicht, doch Tatsache ist, dass Heinz ein neues Kniegelenk brauchte und seitdem schlecht laufen konnte und zwei Stenosen im Wirbelsäulenkanal bekam. Michael erlitt einen Hörsturz und bekam Nahrungsmittelunverträglichkeiten. Zufall?

Ich bin überzeugt, dass es keinen Zufall gibt. Es ist alles von Gott geplant! Oder war es etwa meine Schuld? Doch diesen Hilfeschrei konnte ich beim besten Willen nicht mehr zurücknehmen. „Einer trage der anderen Last“ (Gal 6,2) kam für mich nicht mehr in Frage! Sie waren beide alt genug, ihr Kreuz selbst zu tragen.

Es beschäftigte mich sehr, dass mir Gott den Wunsch für eine Pause erfüllt hatte. Es wäre mir früher nicht im Traum eingefallen, Gott um Heilung zu bitten. Ich hatte keine Ahnung, ob man das überhaupt durfte. Diesen großen, mächtigen Gott einfach mit solchen Wünschen belästigen? Ich hatte viel zu viel Respekt vor diesem allmächtigen Gott und war viel zu schüchtern. Doch in der Bibel hatte ich schon oft Verse gelesen, die es ausdrücklich erlaubten. Wir wurden sogar aufgefordert, Gott um Gaben zu bitten.

„Wenn ihr mich um etwas in meinem Namen bitten werdet, so werdet ihr es erhalten.“ Joh 14,14

„Darum sage ich euch: Bittet und es wird euch gegeben; sucht und ihr werdet finden; klopft an und es wird euch geöffnet. Denn wer bittet, der empfängt; wer sucht, der findet; und wer anklopft, dem wird geöffnet." Lk 11,9f
„Wenn ihr in mir bleibt und meine Worte in euch bleiben, dann bittet um alles, was ihr wollt: ihr werdet es erhalten." Joh 15,7
Oder kennen Sie die **Notrufnummer 5015**, die steht auch in der Bibel: „Rufe mich an am Tag der Not, dann rette ich dich und du wirst mich ehren." Psalm 50,15
Verstanden hatte ich es nicht. Es hatte mir noch nie jemand erzählt, dass das auch für uns gilt. Ich dachte immer, dass das alles nur vor 2000 Jahren war, dass es nur für die Jünger Jesu Gültigkeit besaß.
Aber Gott sagte auch zu mir: **„Das kann jeder!"**

Gott wirkt auch heute unter uns

Das hatte ich wohl auch noch nicht begriffen! Es ist aber wirklich für alle Menschen gültig. Es steht nirgends geschrieben, dass es sich nur auf die Jünger bezieht und Gottes Wort ist die Wahrheit, damals, heute und in der Zukunft. Darauf können wir uns verlassen!
Natürlich erfüllt uns Gott nicht jeden Wunsch. Wenn Gott mit uns andere Pläne hat, als wir uns das vorgestellt hatten, dann nicht und wenn wir eigentlich sowieso nicht daran glauben, auch nicht und wenn wir uns nicht bedanken, ganz sicher auch nicht.
Nun, ich hatte wirklich gute Gründe, Gott jeden Tag aufs Neue zu danken. Nach 16 Operationen, davon 8 Bauchoperationen und zahllosen schweren Erkrankungen hatte sich Gott meiner erbarmt und hatte mich geheilt. Danksagung muss am Beginn eines jeden Gebetes stehen. Wir nehmen so Vieles als selbstverständlich hin. Das ist es aber absolut nicht! Danken wir Gott dafür:
Dass wir in einem friedlichen Land leben dürfen.
Dass wir ein zuhause haben und ein warmes Bett.

Dass wir Arbeit haben, womit wir uns unseren Lebensunterhalt verdienen können.
Dass wir beim Hinfallen nur die Nase gebrochen haben, es hätte auch das Genick sein können.
Dass wir jeden Tag wieder aufstehen können und neu beginnen dürfen.

Dass die Blumen blühen und die Sonne scheint.
Dass Gott die Schöpfung so wunderbar gestaltet hat.
Dass wir eine Familie haben…   und so weiter…

Wenn man überlegt, fällt einem sehr viel Gutes ein, für das wir danken müssen. Gott überschüttet uns mit guten Gaben, doch viele Menschen sehen immer nur die schlechten Dinge. Wenn uns Gott so viele Geschenke macht, ist es wirklich keine gute Idee, nur zu meckern und niemals „Danke" zu sagen.
Vier Wochen, nachdem die Heilung begonnen hatte, konnte ich mich zum ersten Mal im Bett wieder auf die Seite drehen – seit sechs Jahren hatte ich nur auf dem Rücken liegen können.
Dann konnte ich allmählich meinen „Fuhrpark" reduzieren. Erst musste der Rollstuhl daran glauben. Er wurde durch zwei Unterarmstützen ersetzt, beziehungsweise den Rollator, wenn ich etwas zu transportieren hatte. Dann hatte ich nur noch eine Unterarmstütze, ich kam mir so frei, so beweglich vor. Meine „Ritterrüstung" wurde nacheinander eingemottet. Nur die Halskrause musste ich noch eineinhalb Jahre tragen, bis die Muskeln stark genug waren, um den Kopf wieder allein zu stützen.
Nach drei Monaten war auf einmal der linke Oberarmmuskel wieder da, wo er hingehörte - ich konnte mein Glück kaum fassen! Hatte vor der Heilung jeder Tag für böse Überraschungen gesorgt, wurde ich jetzt laufend mit guten Überraschungen verwöhnt.
Mein schiefes Becken stand wieder gerade und meine Physiotherapeutin brach in Jubel aus, weil meine schiefen Schultern wieder gerade wurden. Genauso löste ich in der Praxis des Orthopäden

ungläubiges Erstaunen aus: „Wo ist der Rollstuhl?“ Aus allen Zimmern kamen die Helferinnen, um mich zu bestaunen.
Nun konnte ich auf einmal erfahren, wer von den Ärzten gläubig war. Erstaunlicherweise waren sich alle einig, dass diese Heilung nicht mit natürlichen Ereignissen erklärt werden konnte. Sie sprachen auch davon, dass da Gott seine Hand im Spiel gehabt haben musste. Nur ein Arzt beharrte darauf, dass es ein „Phänomen“ sei, doch nicht zu erklären wäre. Ein anderer meinte, dass es egal sei, wie man geheilt würde, das Resultat sei das Wichtigste.
„Ich werde nicht sterben, sondern leben, um die Taten des Herrn zu verkünden.“
PS 118,17

Mein großer Tag – und mein Auftrag

Dann war der große Tag da, wo ich wieder ganz ohne Gehhilfe laufen konnte. Ein unbeschreibliches Glücksgefühl. Ich konnte wieder in die Kirche zum Sonntagsgottesdienst, wo ich von allen mit Erstaunen zur Kenntnis genommen wurde. Sehr viele hatten gar nicht gewusst, dass es mich überhaupt gab. Ich erzählte mit Begeisterung von diesem Wunder der Heilung. Wenn ich aber dachte, dass jeder sich darüber freuen würde, dass Gott wirklich mitten unter uns ist und auch heute noch Wunder wirkt, wurde ich sehr enttäuscht.
Einige freuten sich wirklich mit mir, doch manche sahen mich an mit dem gleichen Interesse, als ob ich gerade erzählte hatte, dass ich zwei Tassen Tee zum Frühstück genommen hätte. Wieder andere meinten, da seien Selbstheilungskräfte am Werk gewesen. Ein Priester meinte, dass er auch schon von „Geistheilern“ gehört hätte. Geistheiler? Hatte ich da richtig gehört? Was hatte er denn für einen Glauben?
Ich war zunächst sehr frustriert, inzwischen habe ich mich damit abgefunden, dass nicht alle Christen solche Botschaften glauben können. Es reicht eben nicht, um ein guter Christ zu werden, wenn

man jeden Sonntag in die Kirche geht. Ich gehe ja auch häufig in die Garage, aber werde deshalb kein Auto. Wenn man nicht an seiner Gottesbeziehung arbeitet, entsteht kein wahrer Glaube, der von Herzen kommt. Es ist eine lebenslange Aufgabe.

Bei meinem ersten Pfarrfest in unserer Gemeinde, an dem ich wieder teilnehmen konnte, musste ich immer noch die Halskrause tragen. Ich war voll Freude und unterhielt mich mit vielen Leuten. Unter anderem auch im Toilettenraum mit einem etwa 11-jährigen Mädchen, das mit der kleinen, fordernden Schwester so seine Plage hatte. Auf einmal sah mich das Mädchen beim Händewaschen ganz intensiv und sehr ernst an, dann sagte es: „Eigentlich ist es schade, dass du diese Halskrause tragen musst." Ich versicherte ihm, dass ich sie bestimmt bald nicht mehr brauchen würde. Es antwortete: „Meine Cousine hatte auch so eine Halskrause – und jetzt ist sie tot!" Meinen Versuch, ihr eine zufriedenstellende Erklärung zu geben, erwiderte sie mit einem energischen Kopfschütteln, nahm ihre kleine Schwester energisch an der Hand, warf mir noch einen letzten todtraurigen Blick zu und ließ mich stehen. Ich fühlte mich schlecht, da hatte ich schlimme Erinnerungen geweckt.

„Wie hast du das nur alles ausgehalten?" werde ich immer wieder gefragt. Selbstverständlich war ich in den ersten Jahren meiner Erkrankung sehr verzweifelt. Ich dachte immer, wenn ich wenigstens wüsste, mit was für Krankheiten ich es da zu tun hätte, dann hätte man sie gezielt bekämpfen können. So war es aber leider nicht. Stattdessen ging alles, was ich mir für mein Leben vorgestellt hatte, den Bach hinunter. Dazu wurde ich auch immer einsamer. Wenn man so lange so schwer krank ist, wird man von der „normalen Welt" nicht mehr benötigt. Man wird ausgeschlossen, weil man nicht mehr mithalten kann.

Heute denke ich, dass auch diese Einsamkeit von Gott gewollt war. Nur so war es mir möglich, mich ganz auf meine Beziehung mit Gott zu konzentrieren. Es störte mich kein weltlicher Einfluss, der mir den falschen Weg aufgezeigt hätte. Ich war durch meine Erkrankung für Gottes Handeln isoliert worden. Heute begreife ich, dass ich mich in dieser schlechten, egoistischen, manchmal bösartigen Welt nicht so hätte entwickeln können, wie Gott das vorgesehen hatte. Schlechter Umgang färbt über kurz oder lang immer auf den Menschen ab. Es ist sehr schwer, dann Gott immer treu zu bleiben.

Dass ich trotzdem immer weitermachen konnte, habe ich vielleicht auch der Tatsache zu verdanken, dass ich schon von klein auf immer kämpfen musste, ich war es nicht anders gewöhnt. Außerdem hoffte ich doch jedes Mal, dass es jetzt zu Ende sei mit den Operationen und den Krankheiten. Ich hatte ja, Gott sei Dank, keine Ahnung, was alles auf mich zukommen würde.

Selbstverständlich hatte ich auch Phasen, wo ich einfach aufgeben wollte, es erschien mir alles so sinnlos. Doch durch meine Gleichgültigkeit wurde es nur noch unerträglicher. So musste ich mich immer wieder daran erinnern, dass man sein Leben nicht so einfach wegwerfen durfte, schließlich hatte man nur das eine. Um das zu behalten, lohnte es sich zu kämpfen.

Als ich dann von Gott berührt wurde, ging es sehr viel leichter. Es wurde mir auch bewusst, wie wertvoll ein Mensch für Gott ist und es machte mich sehr glücklich, dass ich Sein Kind sein durfte. Wenn das geschieht, ist man nie wieder dieselbe Person! Man wird zu einem neuen Menschen.

„Wenn also jemand in Christus ist, dann ist er eine neue Schöpfung: Das Alte ist vergangen, siehe, Neues ist geworden." 2 Kor 5,17

„Ich gebe euch ein neues Herz und einen neuen Geist gebe ich in euer Inneres. Ich beseitige das Herz von Stein und gebe euch ein Herz von Fleisch. Ich gebe meinen Geist in euer Inneres und bewirke, dass ihr meinen Gesetzen folgt und auf meine Rechtsentscheide achtet und sie erfüllt." Ez 36, 26-28

Wenn wir von Gott inspirierte Menschen sind, sind wir deshalb nicht klügere, sondern begeisterte Menschen, wir sind auch nicht von einer Idee besessen, sondern von Gott beseelt!

Was uns Gott näher bringt

Ich habe erfahren müssen und dürfen, dass es überhaupt kein vergebliches Leiden gibt, wenn man Gott und den Nächsten nicht aus den Augen verliert. Es tat mir gut, wenn ich mich z.B. in den Krankenhäusern um Mitpatientinnen kümmerte. Es tat den Frauen gut, aber auch mir. Es tut unserer Seele gut, wenn wir uns auf Anderes als unsere eigene Krankheit konzentrieren und es erhöht uns, das heißt, es bringt uns Schritt für Schritt Gott näher. So können wir Leid in Segen verwandeln. Und das eigene Leid tritt in den Hintergrund, wenn man sich auf andere konzentrieren muss, man empfindet es nicht mehr als so schlimm und es lenkt sehr gut von der eigenen Person ab.

Meiner Meinung nach ist es sehr wichtig, nicht zu versuchen, alles selbst zu machen. „Das schaff´ ich schon allein!" Gott wartet nur darauf, dass wir Ihn um Hilfe bitten. Wir haben die Freiheit, uns zu entscheiden, welchen Weg wir gehen wollen. Ich habe die Erfahrung gemacht, dass es um ein Vielfaches leichter ist, mit Gott an der Seite durchs Leben zu gehen als alleine. **Doch Gott ist immer nur dann bei uns, wenn wir es auch zulassen.** Wenn ich Probleme habe, mit denen ich nicht fertig werde, lege ich sie Gott zu Füßen. Er kümmert sich um eine Lösung und ich warte voll Vertrauen, wie ich weitermachen soll. Das heißt nicht, dass man alles übergibt und man ist alle Verantwortung und Arbeit los, man kann sich nicht zurücklehnen und sagen: „So Gott, jetzt mach Du einmal weiter, es ist jetzt Dein Problem." Nein, das, was Gott macht, ist, dass er uns weiterhilft. Er zeigt uns einen Ausweg oder eine Lösung unseres Problems. Es ist vielmehr eine Partnerschaft, wo jeder seinen Teil dazugibt. Wenn wir gehorchen und Seinen vorgeschlagenen Weg gehen, wird alles gut, darauf können wir uns 100%ig verlassen.

Das heißt natürlich auch, dass wir zugeben müssen, dass wir es nicht allein schaffen. Das fällt vielen Menschen sehr schwer, denn Stolz ist

das Hindernis! Aber vor Stolz werden wir in der Bibel immer wieder ausdrücklich gewarnt, er wird als schwere Sünde bezeichnet.
„Doch er gibt noch größere Gnade; darum heißt es auch: Gott tritt den Stolzen entgegen, den Demütigen aber schenkt er Gnade." Jak 4,6
„Ein Gräuel ist dem Herrn jeder Hochmütige; er bleibt gewiss nicht ungestraft." Spr 16,5
„Hoffart kommt vor dem Sturz und Hochmut kommt vor dem Fall." Spr 16,18
Doch wenn uns bewusst ist, dass wir Gottes Kinder sind und Er uns gerne helfen würde, weil Er unser Vater ist, fällt es uns nicht mehr schwer, uns zu demütigen und zu sagen: „Bitte, hilf mir, ich schaff das nicht allein!" Dann werden wir mit Gottes Liebe in einen schützenden Mantel gehüllt und die selbsterbauten Mauern um unser Herz fangen zu bröckeln an. Wir sind bereit, Gottes Liebe zu empfangen. Damit sind wir auch bereit, uns selbst anzunehmen, zu lieben - und es ist uns möglich, auch unsere Nächsten zu lieben.
Das wiederum begeistert Gott so sehr, dass Er uns noch mehr Gnade und Liebe schenkt, was uns zu noch mehr Nächstenliebe befähigt - und der Kreislauf beginnt von Neuem. Wir kommen dadurch Gott immer näher, Schritt für Schritt. Jeder kleine Schritt bringt uns so viel Glück, Frieden und Freude, dass wir angespornt werden, den nächsten Schritt zu wagen. Ich bin überzeugt, dass dies auch von Gott so gewollt ist.

Ein Rückblick

Die Heilung ging immer weiter, ich hatte ja auch so viele „Baustellen", alles auf einmal hätte ich nicht verkraftet. Außerdem mussten sich meine Muskeln erst wieder an die ungewohnten Belastungen gewöhnen und ich musste kräftiger werden.
Gott mutet uns immer nur so viel zu, wie wir verkraften können. Während meiner Krankheit dachte ich manchmal, diese Feststellung

kann nicht stimmen, denn ich hatte oft das Gefühl, dass es für mich allein viel zu viel war. Doch zurückblickend denke ich, dass ich wohl nie zu dieser großartigen Gottesbeziehung gekommen wäre, wenn ich nicht all das Leid hätte erleben müssen. Ich musste erst stark im Glauben werden, um Gottes Verheißungen empfangen zu können. Dieser Prozess kann ein ganzes Leben dauern. Auch ich musste meinen ganzen Stolz ablegen, um für Gott zurechtgeschmiedet zu werden. Ich lag im Sterben, das wusste ich, es gab nichts mehr, worauf ich noch hätte stolz sein können. Alles was mir noch geblieben war, war mein Leben. Ein armseliges Leben, das am seidenen Faden hing. Alles, was mir in meinem Leben einmal wichtig war, gab es nicht mehr, es war mir alles genommen worden. Warum lässt Gott solch extreme Situationen zu? Paulus gibt uns im 2.Korintherbrief 1,9b die Antwort:
„…damit wir unser Vertrauen nicht auf uns selbst setzen, sondern auf Gott, der die Toten auferweckt.“
Gott möchte demnach, dass wir an einem Punkt angelangen, wo wir jegliches Selbstvertrauen aufgeben müssen. An einem Punkt, der uns ganz klar zeigt, wo die Grenzen unserer Kraft, unseres Wissens, unserer persönlichen Erfahrung und unserer eigenen Fähigkeiten sind.
Ich bat Gott, in aller Bescheidenheit, mein Leben zu beenden, bevor ich zu einer unerträglichen Belastung für meine Familie wurde. Diesen Wunsch hat Er mir nicht erfüllt! - Demut lernt man am allerbesten im Leiden – natürlich ist dies nicht der einzige Zugang zu einer innigen Gottesbeziehung, aber ein sehr intensiver allemal, das kann ich bezeugen. Ein sehr schmerzhafter Vorgang ist das, aber äußerst wirksam. Gott formt uns so lange, bis wir in Seinen Plan passen. Mit mir hatte Gott noch Großes vor! Nicht im Traum wäre mir eingefallen, für was ich noch weiterleben sollte. Gott ist immer für Überraschungen gut!

… und die Heilung ging weiter

Ich konnte auf einmal in der Kirche wieder knien. Und singen konnte ich auch wieder, immer besser. Ich war sehr glücklich, denn Singen war für mich schon immer eine Lebensbereicherung. Ich bekam richtig gut Luft, deshalb musste ich im Bett nicht mehr mit erhöhtem Oberkörper schlafen, ich konnte wieder flach liegen. Die Sauerstoffzufuhr konnte ich allmählich reduzieren und nach einem halben Jahr brauchte ich sie überhaupt nicht mehr. Nun trat ich in einen Chor unserer Gemeinde ein und kurze Zeit später noch in einen zweiten Chor. Es machte mir so viel Freude!

Meine Allergien verschwanden nach und nach. Nachdem auch meine Verdauung wieder ganz normal funktionierte, konnte ich wieder alles essen. Es war so unglaublich, nachdem mein Darm praktisch gelähmt war. So ein Segen! Ich genoss meine neue Lebensqualität in vollen Zügen. Gerichte, die ich so viele Jahre nicht mehr essen konnte, vertrug ich wieder, ich schwelgte in Nahrungsmitteln jeglicher Art, was war das für ein Genuss! Ich danke Gott jeden Tag für die wunderbare Heilung, für dieses unglaubliche Geschenk eines neuen Lebens. Ein ehemaliger Pfarrer unserer Gemeinde meinte einmal: „Von den Toten auferstanden!“ Er hatte ja so recht.

„Preise den Herrn, meine Seele, und alles in mir seinen heiligen Namen! Preise den Herrn, meine Seele, und vergiss nicht, was er dir Gutes getan hat! Der dir all deine Schuld vergibt und all deine Gebrechen heilt, der dein Leben vor dem Untergang rettet und dich mit Huld und Erbarmen krönt, der dich dein Leben lang mit Gaben sättigt, wie dem Adler wird dir die Jugend erneuert.“ *Ps 103,1-6*

In diesem Psalm heißt es, dass Gott nicht nur unsere Schuld vergibt, sondern uns heilt und vom Tod errettet. Er schenkt uns Seine Gnade (Huld) und hat Erbarmen mit uns. Dazu dürfen wir Seine Gaben ein Leben lang in Anspruch nehmen. - Und Er erneuert uns mit unserer Jugend.

Was für ein wunderbares Versprechen! **Ich habe Alles erfahren dürfen.**

Selbst, dass ich wieder jünger wurde, ist wirklich wahr geworden! Es fing an, dass meine Haut wieder elastischer, faltenfreier wurde, die vielen entzündeten Stellen verschwanden, ich brauchte wesentlich weniger Cremes und Salben. Meine Fingernägel waren auf einmal nicht mehr spröde und rissig und am besten fand ich, dass meine Haare wieder merklich dichter wurden. Ich hatte schon sehr lichtes Haar, heute ist es dicht, glänzend und es wellt sich wieder – wie früher. Gott ist in Seinen Verheißungen immer zuverlässig!

Das „Restless Legs Syndrom", die Nervenschädigungen an Händen und Füßen verschwanden einfach, sie waren plötzlich angenehm warm und schmerzfrei. Die Inkontinenz war von einem Tag auf den anderen weg. Die vielen Schlafmittel, die oft gar nicht halfen, konnte ich weglassen. Ich schlief plötzlich wie ein Murmeltier. Dafür danke ich Gott, auch heute noch, jeden Morgen. Es ist so erholsam, wenn man schlafen kann. Nach so langer Durststrecke ohne ausreichenden Schlaf ist es ein wahres Geschenk.

Der Endokrinologe überprüfte meine Schilddrüse und meinte dann kopfschüttelnd: „Eigentlich habe ich gedacht, sie wäre jetzt ganz verschwunden, aber sie ist wieder größer geworden!" Und bei der Osteoporose-Messung stellte sich heraus, dass die Knochenzellen wieder wachsen. Die Aufnahmen kommentierte er so: „Da muss der liebe Gott seine Hand im Spiel haben, sonst wäre eine solche Besserung nicht möglich!"

Die Laborwerte besserten sich zusehends. War während der Krankheit so ziemlich alles unterstrichen, was die Blutwerte anbelangte, so war immer weniger von Strichen zu sehen. Wenn etwas unterstrichen war, bedeutete das, dass dieser Wert nicht in Ordnung war. Heute sieht der Laborbericht so unauffällig aus, dass ich meine Hausärztin fragte, ob sie mehr solche Blutwerte bei ihren Patienten habe. Ihre Antwort: „Nur bei den Gesunden!"

Was ich als sehr wohltuend empfand, war, dass ich meine sechs Schmerztabletten täglich nicht mehr brauchte. Die übrigen 43 Tabletten konnten reduziert werden. In meinen schlimmsten Zeiten waren es sogar 50 Tabletten pro Tag, damit ich überleben konnte. Das Morphium-Pflaster war 70 Mikrogramm/Stunde, man sagte mir, es gäbe keine höhere Dosis, deshalb sollte zum Schluss, vor der Heilung, täglich eine Krankenschwester zu mir kommen, um mich zusätzlich an eine Schmerzinfusion anzuschließen, darauf konnte man jetzt verzichten. Im Gegenteil – ich konnte das Morphium-Pflaster ganz langsam reduzieren, bis ich es schließlich, zwei Jahre später, überhaupt nicht mehr brauchte. Dass ich das ganz allein, zuhause, schaffte, hätte mein Orthopäde nicht für möglich gehalten. „Dazu muss man unbedingt in eine Klinik zur Überwachung. Sie werden enorme Entzugserscheinungen bekommen. Es ist nicht zu verantworten!“ Aber in ein Krankenhaus wollte ich auf keinen Fall mehr, davon hatte ich für mein restliches Leben genug. Ich vertraute Gott und mit Ihm zusammen schaffte ich es, ganz ohne Entzugserscheinungen!

Ich hatte mich informiert, wie das ist, wenn man so viele Opiate nimmt. Braucht der Körper sie nicht, ist man im Drogenrausch und wird süchtig. Braucht sie der Körper zur Schmerzbekämpfung, spürt man keine Auswirkungen der Droge, man hat nur weniger oder keine Schmerzen und hat eine bessere Lebensqualität. Meine Enkelkinder sagten manchmal im Spaß zu mir: „Unsere Oma ist ein Junkie!“ Ich fand das auch sehr lustig.

Es ist sehr bemerkenswert, dass ich dieses Übermaß an Drogen und Medikamenten überhaupt jahrzehntelang vertragen habe. Da musste Gott seine schützende Hand über mir gehalten haben, denn normal war das nicht.

„Wenn sie Schlangen anfassen oder tödliches Gift trinken, wird es Ihnen nicht schaden.“ Mk 16,18

Man hatte mich schon in jungen Jahren gewarnt, dass ich in kürzester Zeit auf Leber- und Nierenversagen zusteuern würde. Das ist über 50 Jahre her und meine Nieren und meine Leber sind ganz gesund!

Halleluja – Gott ist so groß, so unbegreiflich gut!

Ein neuer Mensch war entstanden

Allmählich hatte Gott aus mir einen neuen Menschen gemacht. Ich habe mich ganz bewusst entschieden, Jesus nachzufolgen, und ich werde bis an mein Lebensende nur noch für Gott da sein.

„Wenn also jemand in Christus ist, dann ist er eine neue Schöpfung: Das Alte ist vergangen, siehe, Neues ist geworden." 2 Kor 5,17

„Wenn das Weizenkorn nicht in die Erde fällt und stirbt, bleibt es allein; wenn es aber stirbt, bringt es reiche Frucht. Wer sein Leben liebt, verliert es; wer aber sein Leben in dieser Welt geringachtet, wird es bewahren bis ins ewige Leben." Joh 12, 24-25

Ohne dieses Sterben des eigenen Ichs kann kein neues Leben entstehen. Das Weizenkorn verrottet, doch aus dem Keim entsteht neues Leben. Es entwickelt sich eine Ähre, die viele Früchte trägt. So ist das mit dem Menschen auch. Wenn unser altes Ego nicht stirbt, kann kein neuer Mensch entstehen. Das ist oftmals ein langer Wachstumsprozess. Die kleine Pflanze, die erst im Entstehen ist, muss gehegt und gepflegt werden. Es bedeutet Zeitaufwand, Geschick, Arbeit, Durchhaltevermögen und eine deutliche Absage an unser altes Ego, ein deutliches „Nein", wenn es seine alten Rechte zurückfordern möchte. Doch was wir dafür erhalten, ist der Himmel auf Erden. Es lohnt sich! Jesus wollte uns nicht nur zeigen, wie wir in den Himmel kommen, sondern Er machte uns das Geschenk, dass wir den Himmel auf die Erde holen können. „Dein Reich komme", so beten wir im Vater unser. Ich bin ein Kind Gottes, deshalb gehöre ich nicht mehr mir selbst, sondern meinem großen Gott.

„Oder wisst ihr nicht, dass euer Leib ein Tempel des Hl. Geistes ist, der in euch wohnt und den ihr von Gott habt? Ihr gehört nicht euch selbst; denn um einen teuren Preis seid ihr erkauft worden. Verherrlicht also Gott in eurem Leib."
1.Kor 6, 19-20

Deshalb kann ich auch mein ganzes Leben vor anderen Menschen ausbreiten, es gehört mir nicht mehr, es gehört Gott und Er möchte, dass ich es tue. Das wäre mir vor einigen Jahren noch unmöglich gewesen, doch man wächst im Glauben und Gehorsam. Ich bin sein Werkzeug und werde nur noch Gott gehorchen, auch wenn ich dadurch in Schwierigkeiten gerate. Egal was mir Gott für Aufgaben zuteilt, ich werde sie fröhlich in Angriff nehmen, auch wenn sie für mich manchmal nicht angenehm sind. Der neue Mensch gefällt mir auch viel besser als der Alte! Ich weiß, ich bin unter Gottes Schutz, Er wird immer auf mich aufpassen und das hat mich selbstsicher gemacht. Ich habe die Erfahrung gemacht, wenn wir für Gott ein Risiko eingehen, wenn wir aus dem sicheren Boot aufs Wasser steigen, lässt Er uns nie im Stich! Im Gegenteil, Sein Segen ist uns gewiss.

Ich habe mich entschieden

Außerdem habe ich mich entschieden, glücklich zu sein, fröhlich zu sein - und ich bin sehr bestrebt, bescheiden und demütig zu sein. Es gelingt nicht immer, doch mit der Hilfe des Hl. Geistes wird es immer besser. Ich will mir den Frieden, den mir Gott geschenkt hat, nie mehr nehmen lassen! Deshalb weigere ich mich, negative Gedanken zu haben. Die Katastrophen dieser Welt nehme ich zur Kenntnis. Ich weiß, dass ich allein nichts dagegen ausrichten kann, darum bete ich zu Gott, lege Ihm alles zu Füßen und weiß, dass Er sich darum kümmern wird. Dann kann ich unbesorgt zur Tagesordnung übergehen und muss mich nicht mit trüben Gedanken herumschlagen, denn die öffnen nur dem Teufel die Tür. Er nimmt die kleinste Gelegenheit wahr, um sich bei uns Einlass zu verschaffen. Ich werde ihm keine Gelegenheit dazu geben, wenn ich es irgendwie vermeiden kann.

Darum bin ich immer fröhlich, denn die Freude ist unsere stärkste Waffe gegen den Teufel, er sieht uns am liebsten voller Furcht, Zweifel und unglücklich. **Gott liebt fröhliche Menschen!**

Die Freude ist tief in uns verwurzelt, da wir Gotteskinder sind. Wir können sie jederzeit abrufen, selbst wenn wir in den größten Schwierigkeiten stecken. Wenn wir auf den Apostel Paulus schauen, so war er wohl in dem schlimmsten Gefängnis, das es damals gab, er musste täglich damit rechnen, hingerichtet zu werden, zu seinen Füßen floss der Abwasserkanal des ganzen Gefängnisses und Ratten waren überall. Und trotzdem schrieb er in einem Brief an die Philipper:

„Freut euch im Herrn zu jeder Zeit! Noch einmal sage ich euch: Freut euch!" Phil 4,4

Wenn Paulus das unter diesen Umständen möglich war, sollten wir das doch auch fertigbringen. In der Bibel steht das Wort Freude 182-mal. (Beni Johnson; Der glückliche Fürbitter)

„Der Herr, dein Gott, ist in deiner Mitte, ein Held, der Rettung bringt. Er freut sich und jubelt über dich, er schweigt in seiner Liebe, er jubelt über dich und frohlockt, wie man frohlockt an einem Festtag." Zef 3,17

Wir haben in unserem Leben immer zwei Möglichkeiten, uns zu entscheiden. Entweder machen wir unsere Arbeit und unsere Aufgaben mit Freude, dann fällt es leicht, oder wir machen alles mit Widerwillen und ärgern uns über die „blöde Arbeit", dann kostet es uns Kraft, Nerven und letztlich unsere Gesundheit.

Es ist vorbei!

Manchmal frage ich mich schon: was ist eigentlich aus meinen vielen Brüchen geworden? Es ist für meinen menschlichen Verstand einfach nicht zu begreifen! Ich laufe herum, als wäre es immer schon so gewesen. Meine Enkelkinder haben es inzwischen auch verstanden, sie warnten mich stets: „Oma, renn nicht so!" Doch nur um meine menschliche Neugierde zu befriedigen, werde ich ganz bestimmt nicht wieder in ein Krankenhaus gehen und Diagnoseverfahren über mich ergehen lassen. Das ist ein für alle Mal vorbei. Mir ist es wichtig, dass ich herumlaufen kann, ohne irgendwelche Hilfsmittel, dass ich für Gott unterwegs sein darf, um sein Wort zu verkünden. Die ganzen Operationen und schweren Krankheiten sind für mich Geschichte. Es ist vergangen, ich kann nichts mehr daran ändern, doch meine Zukunft kann ich mir noch gestalten. Ich will jeden Tag in Dankbarkeit neu anfangen. Zu meinem Leiden habe ich keinen Bezug mehr. Wenn ich davon schreibe, berührt es mich nicht mehr, Gott hat mir geholfen, es aufzuarbeiten. Es ist, als würde ich über eine andere Person schreiben.

Kurz nach der Heilung gab es ein großes Problem für mich. Gott wollte, dass ich weitererzählen sollte (siehe Einleitung), was Er an mir vollbracht hatte – und das bei meiner Schüchternheit! Ich war ratlos, wie sollte ich das nur fertig kriegen? Mit meiner Sorge wandte ich mich an Gott:

„Ich habe keine Ahnung wie ich das machen soll. Ich habe noch nie in meinem Leben einen Vortrag geschrieben. Ich bin noch nie vor Menschen gestanden, um zu reden. Und dann soll ich aus meinem Leben erzählen, das fällt mir so schwer. Ich habe noch nie meine Erlebnisse und Gefühle nach außen gegeben, habe alles für mich behalten. Ich kann das nicht! Wenn Du das wirklich möchtest, brauche ich ganz dringend Deine Hilfe. Bitte, zeige mir einen Weg, wie es

funktionieren kann. Sende mir bitte Deinen Hl. Geist, ich schaff das nicht allein!"
Dann wartete ich voller Unruhe auf, ja, auf was eigentlich? Ich wusste es ja selbst nicht.
„Alles hat seine Stunde. Für jedes Geschehen unter dem Himmel gibt es eine bestimmte Zeit." Koh 3,1
Doch Gott hatte mich ganz allmählich zu einem anderen Menschen geformt. Wenn Er eine Aufgabe für jemand hat, formt Er ihn so lange, bis dieser Mensch genau für diese Aufgabe zugerüstet ist - sofern man Gott gewähren lässt!

Auf zu neuen Ufern

Ich hatte keine Ahnung, wie ich meine Geschichte beginnen sollte, wie ich sie aufbauen sollte, was ich erzählen sollte. Ich wusste, dass mich nur mein Gottvertrauen weiterbringen würde, so versuchte ich geduldig zu warten. Ich hatte bereits einen Vortrag in der Gemeinde angekündigt, der Termin stand schon fest. Vier Monate vorher dachte ich, jetzt müsste ich anfangen, sonst schaffe ich es vielleicht nicht rechtzeitig. Ich hatte mir schon einen Schreibblock und einen besonders guten Kugelschreiber zurechtgelegt. Sie lagen schon länger griffbereit da. Ich wollte die Sachen nehmen, aber sie waren nicht mehr da, nicht dort, wo ich sie hingelegt hatte! Das ging doch nicht mit rechten Dingen zu! Ich suchte eine halbe Stunde vergeblich. Dann kam mir die Erkenntnis: das war ein Zeichen – ich sollte noch nicht schreiben! Ich lachte und bedankte mich beim Hl. Geist. – Was soll ich sagen, da waren meine Schreibutensilien plötzlich da, genau da, wo ich sie hingelegt hatte! Da hatte mich der Hl. Geist tatsächlich mit Blindheit geschlagen, damit ich begriff, dass die Zeit noch nicht reif war.
Inzwischen studierte ich weiter eifrig die Bibel und Sachbücher über Gott. Vier Wochen später hatte ich den überwältigenden Drang zu

schreiben und wusste auch gleich den Anfang. Ich schrieb am ersten Tag in einem Stück zehn DIN A4 Seiten, es lief ganz von allein. Als ich am nächsten Tag das Konzept überflog, war ich sehr beeindruckt von dem, was ich geschrieben hatte. Es war einfach gut – es war ja auch nicht von mir!

Seitdem höre ich immer auf das, was mir vom Hl. Geist vorgegeben wird. So funktioniert alles wunderbar. Mein Selbstbewusstsein wuchs mit jedem „Erfolg". Der erste Vortrag fiel mir noch sehr schwer, es war der erste Schritt vom Boot aufs Wasser. Doch wenn man sich erst einmal getraut hat, schüttet Gott so viel Gnade und Segen über einem aus, dass der zweite Schritt bereits zum Vergnügen wird. Heute macht es mir nichts mehr aus, über Gott zu sprechen, im Gegenteil, wenn ich erst einmal anfange, kann ich kaum noch aufhören, ich rede wie ein Buch.

„Denn wovon das Herz überfließt, davon spricht der Mund." Mt 12,34b

Heute macht es mir richtig Spaß, Gott zu dienen, auch wenn ich manchmal auf Ablehnung und Anfeindungen stoße. Das ist leider das Los aller, die im Auftrag Gottes handeln und unterwegs sind. Es ist in gewisser Weise eine Auszeichnung, ein Ritterschlag, dann hat man alles richtig gemacht.

„Wenn ihr wegen des Namens Christi beschimpft werdet, seid ihr selig zu preisen; denn der Geist der Herrlichkeit, der Geist Gottes, ruht auf euch." 1 Petr 4,14

„Dem, der dich auf die eine Wange schlägt, halt auch die andere hin und dem, der dir den Mantel wegnimmt, lass auch das Hemd." Lk 6,29

„Deshalb seid voll Freude, wenn es für kurze Zeit sein muss, dass ihr durch mancherlei Prüfungen betrübt werdet." 1 Petr 1,6

Jesus hat uns Christen alle aufgerufen, Zeugen zu sein und das Wort Gottes der ganzen Welt zu verkünden.

„Aber ihr werdet Kraft empfangen, wenn der Hl. Geist auf euch herabkommen wird; und ihr werdet meine Zeugen sein in Jerusalem und in ganz Judäa und Samarien und bis an die Grenzen der Erde." Apg 1,8

Mich hat Gott persönlich angesprochen, ich fühle mich sehr geehrt und gesegnet. Ich werde Zeugnis ablegen, solange ich lebe.

Es werden Zeugen gesucht – Michael Brock drückt das so aus:

Zeugen gesucht, die sich nicht erschrecken lassen, vom Gelächter der Welt.
Zeugen gesucht, für die leiseste Botschaft der Welt, Friede auf Erden.
Zeugen gesucht, die sich nicht schrecken, zu einer Minderheit zu zählen.
Zeugen gesucht, die Ernst machen mit dem, was längst geschrieben steht.
Zeugen gesucht, die die Vereinsmachenschaften der Kirche brechen.
Zeugen gesucht, die wieder lesen können, was Frohbotschaft heißt.
Zeugen gesucht, damit Leben zurückkehre in Gottes Kirche.
Zeugen werden gesucht, heute, jetzt in diesem Moment!

… und noch mehr Heilungen

Die Heilung schreitet immer noch weiter fort. Es passieren ständig größere und kleinere Wunder. Übrigens in jedem Leben, nur viele Menschen sehen sie nicht. Gott ist immer gegenwärtig, wenn wir ihn suchen, werden wir auch seine Wunder erkennen.
Ein Beispiel: Wir hatten die Handwerker im Haus. Ich war ja so krank, dass ich mir überlegen musste, wie es weiter gehen sollte. Irgendwann war ich bestimmt so weit, dass ich allein nicht mehr aus dem Bett kam. Der Familienrat wurde einberufen: Sollte ich in ein Altenheim gehen, wenn ich eine dauerhafte Pflege bräuchte? Mein Mann würde bald nicht mehr in der Lage sein, für mich angemessen zu sorgen, er wurde ja auch immer älter. Was sollte geschehen? Das einhellige Urteil: „Du bleibst in deiner gewohnten Umgebung! Das Bad wird umgebaut, damit man mit dem Rollstuhl in die Dusche fahren kann."
Gesagt, getan! Mein Mann und ich wurden für 4 Wochen aufs Land geschickt, bis der umfangreiche Umbau abgeschlossen war. Dabei

übernahm meine Schwiegertochter Margret das Kommando, als Architektin wusste sie, was zu tun war.
Es war schon zum Lachen! Jetzt hatten wir ein behindertengerechtes Bad – doch Gott hatte mich geheilt. Ich brauchte es nicht mehr!!! Trotzdem genießen wir unser neues Bad und hoffen, dass es nie einen Rollstuhl sieht.
Jeder weiß, dass bei solchen Arbeiten Unmengen an Staub entstehen. Es war eigentlich alles abgedichtet, doch dieser feine Staub ging durch alle Ritzen. Etwa ½ Jahr nach Heilungsbeginn übernahm ich schon wieder viele Haushaltspflichten. Dazu gehörte auch das Gläserspülen in den verstaubten Schränken. Ich trug ein großes, beladenes Tablett quer durchs Wohnzimmer. Es wurde immer schwerer, ich konnte es aber erst einige Meter weiter absetzen. Es fehlte mir einfach noch die entsprechende Muskelkraft. Als ich es schließlich absetzen konnte, fuhr mir ein gewaltiger Schmerz durch meinen Oberkörper. Ich wusste sofort: das war der Glaswirbelkörper in der Brustwirbelsäule! Mir wurde ganz schlecht vor Schmerzen. Ich langte nach hinten auf meinen Rücken – dort, wo sich der Wirbel hätte befinden müssen - war ein Loch!
Meine Gedanken wirbelten wild durcheinander. Wirbelsäule entlasten, war mein erster Entschluss. Ich beugte mich mit dem Kopf soweit ich konnte nach unten zu den Füßen. Jetzt war mein nächster Gedanke: der Schmerz muss weg, das halte ich nicht aus. Nein, ich gehe nicht wieder ins Krankenhaus und nein, ich lege mich nicht wieder ins Bett, jetzt, wo ich schon so viel Heilung erfahren hatte! Das durfte einfach nicht wahr sein!
Ich bat Gott, in Jesu Namen, dass der Schmerz verschwinden möge. Und der Schmerz verschwand sofort! Doch was nun? Mit einem Loch in der Wirbelsäule konnte ich doch nicht laufen, geschweige denn arbeiten. Also betete ich erneut zu Gott und flehte Ihn an, doch den Wirbel wieder heil zu machen. Ich legte dabei meine Hand auf das Loch – es dauerte nur Sekunden, dann war das Loch wieder geschlossen. Es fühlte sich wieder wie ein normaler Wirbelkörper an.

Halleluja – Gott ist so groß, so allmächtig!

Ich richtete mich auf, der Schmerz war weg, der Wirbel wieder da, alles war wie vorher, oder vielleicht sogar besser. Ich dankte Gott überschwänglich – und arbeitete weiter.
Ich war so beschwingt, so beglückt, so begeistert! Es war wirklich alles wahr, was in der Bibel stand. Warum war ich da nicht früher drauf gekommen! Jetzt begriff ich auch, warum Gott so lange mit der Heilung gewartet hatte. Er musste erst warten, bis mein Glaube und mein Gottvertrauen so gefestigt waren, dass ich Seine Verheißungen empfangen und begreifen konnte.

Gott entscheidet

Selbstverständlich probierte ich nun, in vollem Vertrauen, dass Gott mich führen würde, immer wieder aus, wann und welche Bitten Gott erfüllen würde. Ich betete nicht nur für mich, sondern für Menschen, die eine Erkrankung oder ein großes Problem hatten. Manchmal erhörte Gott meine Gebete, manchmal auch nicht. Da darf man sich nicht entmutigen lassen, Gott allein entscheidet, was Er uns gibt.
„Meine Gedanken sind nicht eure Gedanken und eure Wege sind nicht meine Wege. – Spruch des HERRN." *Jes 55,8*
Aber ich machte die Erfahrung, dass Gott auch Autos repariert, mir gute Tipps im Haushalt gab und mir sagte, welche Arbeit ich z.B. im Garten erledigen sollte. Folgte ich Seinen Anweisungen, ging die Arbeit viel schneller und erfolgreicher von statten als normalerweise.
Ich bat den Hl Geist, mir bei einer kniffligen Näharbeit zu helfen indem ich Ihn fragte: „Hl. Geist, kannst Du Nähmaschine nähen?"
Ich musste über meine Frage selbst lachen, doch Er konnte, selbst-

verständlich! Ich schaffte es ganz leicht, was vorher solch ein Problem war. Beim Apfelmus einkochen sagte Er mir, dass ich doch den anderen Topf nehmen sollte, da ginge es leichter. Recht hatte Er. Danke! Es macht richtig Spaß, mit Gott zusammenzuarbeiten.
Dass Gott der beste Automechaniker der Welt ist, dürfte wohl den wenigsten Christen bekannt sein. Hier der Beweis:
Ich wollte mit meinem Mann von der Physiotherapie nach Hause fahren. Mein Mann hatte das Auto vor einer Hauswand geparkt, er musste also rückwärts ausfahren. Doch der Rückwärtsgang bewegte sich nicht. Er probierte es immer wieder, es war eine schweißtreibende Arbeit, dann hatte er es geschafft. Unser Auto war bereits 14 Jahre alt und es hatte inzwischen einige Mängel. Dass der Gang nicht in das Getriebe rutschte, war leider schon ein paar Mal passiert und mein Mann befürchtete einen Kupplungs- oder Getriebeschaden.
Einige Meter weiter gab es eine Ampel. Als wir mitten auf der Kreuzung standen, musste mein Mann wieder schalten. Jetzt ging gar nichts mehr, die Gangschaltung rührte sich nicht mehr.
Mir ging erst einmal durch den Kopf: „Es ist gleich 11.30 Uhr, wir müssen noch einkaufen, Essen kochen und dann kommen unsere drei Enkelkinder hungrig aus der Schule. Öffentliche Verkehrsmittel gehen für uns gar nicht, weil mein Mann erst eine Knieoperation hatte und noch nicht so weit laufen konnte und ich war auch noch nicht so fit. Bestimmt haben die Kinder wieder den Hausschlüssel vergessen und stehen vor verschlossener Tür. Was machen wir denn bloß?“
Nach etlichen Fehlversuchen und dem ungeduldigen Gehupe der Autofahrer, entschlossen wir uns, das Auto erst einmal auf die Seite zu schieben. Während wir das Auto schoben, betete ich still für mich einfach nur: „Jesus hilf!“
Wir setzten uns wieder in das Auto, schließlich war es kühl und regnerisch. Mein Mann probierte es erneut – der Gang flutschte rein ins Getriebe, weich wie Butter. Das Auto lief, als wäre nichts gewesen! Danke Jesus – was hätten wir ohne Dich nur gemacht!

Aber Gott hatte gleich noch mehr repariert. Unser altes Auto war rundum überholt worden. Vorsichtshalber wurde es in der Werkstatt überprüft. Die Gangschaltung und das Getriebe waren vollkommen in Ordnung. Und die Mängel, die der Mechaniker bisher nicht beheben konnte, waren nicht mehr da. Die rückwärtige Tür war manchmal trotz Absperrung offen, manchmal ließ sie sich aber überhaupt nicht mehr öffnen. Der Fensterheber am Rücksitzfenster funktionierte nicht mehr und das Schiebedach ließ sich nicht mehr öffnen. Jetzt war alles repariert! Wir hatten jetzt, dank Gottes Eingreifen, wieder ein voll funktionsfähiges Auto, wie wunderbar!
Wenn Glaube und Gottvertrauen da sind und die Bitten aus ehrlichem Herzen kommen, hilft uns Gott immer weiter. Was man dann noch dazu braucht sind: Keine Angst vor Neuem und die Bereitschaft, ein Risiko im Namen des Herren einzugehen.

Tipps für eine Beziehung mit Gott

Viele Menschen dürsten nach einer Begegnung mit Gott, aber sie schaffen es nicht, ihre Situation loszulassen und sich von Gott verändern zu lassen. Für viele ist das stille Leiden, der Ist-Zustand, bequemer und beherrschbarer als der Mut zu Neuem und zur Wahrheit. Wir haben oft mehr Angst vor dem Guten, das uns Gott schenken möchte, als vor dem Schlechten, in dem wir drinstecken.
Eine Zusammenarbeit mit dem Hl. Geist schafft uns ungeahnte Möglichkeiten. Er gibt uns Mut zu Außergewöhnlichem und Er weckt in uns Potentiale, die wir früher nie für möglich gehalten hätten. Ich werde immer wieder überrascht, was alles möglich ist. Voll Vertrauen wende ich mich an Ihn, wenn ich irgendwelche Probleme im Haushalt, Garten oder bei zwischenmenschlichen Beziehungen habe.
Ein wunderbares Beispiel sagt mehr als viele Worte:

Ich musste in eine, mir bis dahin relativ unbekannte Gegend Nürnbergs. Ich befand mich auf dem Heimweg und wusste, dass die Straße bergauf genau zu der Hauptverkehrsstraße führte, wo die Straßenbahnhaltestelle war, zu der ich musste. Es war ein Stadtviertel mit hohen, alten, vierstöckigen Sandsteinbauten aus dem 18./19. Jahrhundert. Die kleinen Vorgärten waren mit Mauern und Eisengittern zur schmalen Straße hin abgegrenzt. Vor mir war eine Baustelle. Es gab nur einen ca. einen Meter breiten Fußweg, für Fahrzeuge war die Straße gesperrt. Zwei Handwerker waren dabei, dicke Pflastersteine zu verlegen.
Ich war noch etwa 20 Meter entfernt, als sie anfingen, die Platten mit einer Flex zu zersägen. Es entstand eine Staubwolke, die im Nu die ganze Straßenschlucht füllte. Gelbgrau, undurchdringlich, bis hinauf zu den obersten Stockwerken. Es gab kein Durchkommen. Ich blieb stehen und sah mich um, gab es vielleicht einen Umweg? Nein, die anderen Straßen führten in die entgegengesetzte Richtung. Wenn ich jetzt da, in diese Wolke hineinging, erstickte ich halb, oder sah hinterher zumindest aus, als hätte ich in Mehl gebadet. Was sollte ich tun? Ich betete zum Hl. Geist und bat ihn, mir einen Ausweg zu zeigen.
Plötzlich erhob sich ein Wind, an diesem windstillen Tag, er blies den ganzen Staub auf die Gegenseite, der schmale Fußweg lag vor mir, er war ganz staubfrei und ich fühlte mich eingeladen, weiter zu laufen. Ich freute mich sehr und marschierte einfach los. Der Wind blies mir entgegen und hielt den Weg frei, tatsächlich nicht mehr als den Weg.
Ich lachte vor mich hin. So mussten sich die Israeliten gefühlt haben, als sie durch das Rote Meer liefen. Nach etwa 150 Metern hatte ich die Hauptstraße erreicht. In der sicheren Entfernung blieb ich stehen und drehte mich um. Der Wind flaute ab, die Staubwolke erfüllte wieder die ganze Straßenflucht! - Danke, tausend Dank – Hl. Geist!!!

Das ist Gottvertrauen! Ich zweifelte nicht eine Sekunde, dass ich sicher an mein Ziel kommen würde.
Der Hl. Geist erschafft durch uns die Welt von morgen – Er verhilft uns zur Herrlichkeit Gottes. Alles, was uns täglich begegnet, spricht von Gott. Sei es in einem Buch, in einem Brief, in den Erlebnissen des Tages, in der Zeitung, in Stimmungen und Gefühlen, in der Natur und in Menschen, die uns begegnen. Wenn wir Augen und Ohren aufsperren für das Alltägliche und Selbstverständliche im Alltag, werden wir auf Schritt und Tritt Gottes Herrlichkeit sehen und hören.
So findet allmählich ein Umdenken in uns statt, wir sehen alles mit anderen Augen und letztendlich mit den Augen Jesu. Keinem, der heute glaubt, ist der Glaube in den Schoß gefallen. Glaube ist ein lebenslanger Prozess, in dem wir ständig unterwegs bleiben müssen. Wir müssen, wie Mose, der Wolke der Herrlichkeit folgen - bleiben wir stehen, fallen wir zurück. Und wenn das Licht der Herrlichkeit nicht heller wird auf unserem Weg, dann sind wir auf dem falschen Pfad gelandet und müssen umkehren.
Wenn man einmal den Durchbruch der Herrlichkeit Gottes erlebt hat, dann hungert man nach mehr. Wichtig ist, meines Erachtens, auf die Atmosphäre zu achten, in der man sich bewegt. Sie bestimmt die Richtung, in die sich unser Leben verändert. Hat jemand übersprudelnde Freude, beschwingte Leichtigkeit und kindliche Bereitschaft, auch ungewöhnliche Dinge zu tun oder zuzulassen, wenn der Hl Geist es sagt, dann ist das ganz sicherlich eine durch Gottes Herrlichkeit verwandelte Persönlichkeit. Von solchen Persönlichkeiten sollte man sich inspirieren lassen, um selbst näher zu Gott zu finden. Hat man dagegen immer nur Umgang mit Menschen, die nichts von Gott wissen wollen, wird unser Glaube sehr darunter leiden, wenn nicht gar schwinden. Man passt sich dem Freundeskreis an. Es ist sehr schwer, nicht von Unglauben angesteckt zu werden! Dazu sagt uns Paulus schon in 1.Kor 15,33:
„Lasst euch nicht irreführen! Schlechter Umgang verdirbt gut Sitten."

Ein weiteres Beispiel dafür, was Glaube und Gottvertrauen bewirken kann:
Unsere junge Familie war im Urlaub, mein Mann und ich waren allein im Haus. Ich hatte im Garten gearbeitet und bat meinen Mann, noch mit aufzuräumen. Er lag auf der Couch im Wohnzimmer und sagte: „Das geht jetzt nicht, es geht mir nicht gut.“ O.k. dachte ich, räumte selbst auf und ging wieder zu meinem Mann: „Was ist denn los, was fehlt dir?“ „Ich weiß nicht.“ Es klang ziemlich jämmerlich. „Du musst doch wissen, was dir fehlt, ist dir schlecht, hast du Schmerzen?“ „Ja, da und da und da!“ Er zeigte dabei auf sein Bein, die Nierengegend, den Kopf und den Bauch. Ich langte ihn an und erschrak. Er war sehr heiß, fast 39° Fieber. Nun wollte er zur Toilette, schaffte es aber kaum sich aufzurichten, fing zu zittern und stöhnen an, hatte Gleichgewichtsprobleme und kam mit meiner Hilfe nur mit Mühe zur Toilette.
Es machte mir Angst. Noch dazu war es Pfingstsamstag und alle Ärzte waren im Urlaub. „Was mach ich nur mit dir? Wenn ich nicht weiß, was du hast, wie kann ich dir da helfen? Ich rufe den Notarzt an.“ „Nein, ich will keinen Notarzt!“ antwortete er. Nun überlegte ich, dass es sehr riskant war, keinen Arzt zu holen. Mein Mann hatte immerhin schon einmal einen kleinen Schlaganfall gehabt, auch Nierensteine und viele Krampfadern. Doch er wollte absolut keinen Arzt.
Also musste ich unseren himmlischen Arzt zu Rate ziehen. Ich legte meinem Mann die Hände auf und betete zu Gott für Heilung, im Namen Jesu. Da fielen plötzlich alle Sorgen von mir ab, ich war ganz ruhig und wusste, dass Gott sich darum kümmern würde. Dann versorgte ich ihn mit Trinken, Tabletten und schaltete das Fernsehgerät an, damit er etwas abgelenkt wurde. Dann ging ich völlig beruhigt in ein anderes Zimmer, um an einem Referat für die Gemeinde zu arbeiten. Zwischendurch sah ich nach ihm, war aber sehr zuversichtlich, dass alles gut werden würde.

Nach zwei Stunden lief jemand den Gang zu meinem Arbeitszimmer entlang – richtig flott! Es war mein Mann. Er stand im Türrahmen und rief: „Alles weg, es ist alles weg!“ Es ging ihm wieder richtig gut, so wie vorher. Das Fieber von beinahe 39°, die Übelkeit, die Schmerzen, alles war einfach verschwunden! Glücklich beteten wir gemeinsam zu Gott und priesen Seine große Barmherzigkeit. Danke, Gott!

Eines ist ganz sicher: Leiden gehört zu unserem Leben dazu, die einen leiden mehr, die anderen weniger; manche haben körperliche Gebrechen, manche haben seelische Probleme. Niemand kann dem entgehen. Dennoch gibt es für einen Christen kein sinnloses, wertloses Leben, denn für Gott ist jeder Mensch wertvoll. Wir sind schließlich alle Seine Kinder, Gott wollte uns alle so, wie wir sind. Auch die ungeborenen Kinder, die psychisch oder physisch Kranken und die im Alter erschöpften Menschen. Wenn man meint, dass man dann doch auch für Gott wertlos sei, wenn man nichts mehr machen kann, so ist das ganz falsch, eben menschlich gedacht. Es kann einem noch so schlecht gehen, beten kann man immer! Jesus sagte, dass wir mit unserem Gebet Berge versetzen können. Wir können so viel Gutes bewirken, wenn wir im Glauben aus ganzem Herzen beten.

Gott liebt uns so wie wir sind, mit all unseren Fehlern! Er kennt uns genau und weiß, dass wir unvollkommen sind. Er sieht nicht unsere Gestalt und unsere Gebrechen, Gott sieht nur unser Herz.

Gott möchte, dass wir Ihn mitnehmen in unseren Alltag, Er möchte immer bei uns sein, egal was wir tun. Er möchte unser Ratgeber sein, Er möchte, dass wir Ihn täglich suchen, alles mit Ihm teilen und - Er möchte uns lieben. Das geht aber nur, wenn wir es auch zulassen, denn wir haben einen freien Willen und können entscheiden, was wir wollen. Jesus steht vor der Tür und wartet darauf, dass wir Ihm öffnen. Das ist unsere Aufgabe, Gott würde uns nie zu etwas zwingen. Aufmachen müssen wir, die Türklinke ist nur auf unserer Seite.

„Siehe, ich habe dich geläutert, doch nicht um Silber: ich habe dich erwählt im Schmelzofen des Elends.“ Jes 48,10

„Wer nicht sein Kreuz trägt und hinter mir hergeht, der kann nicht mein Jünger sein.“ Lk 14,27

„Geliebte, lasst euch durch die Feuersglut, die zu eurer Prüfung über euch gekommen ist, nicht verwirren, als ob euch etwas Ungewöhnliches zustoße!“ 1 Petr 4,12

Diese Bibelverse sagen uns, dass wir im Schmelztiegel wie Silber, oder wie Gold geläutert (gereinigt) werden müssen, dass wir durch Prüfungen und Trübsal gehen müssen, um Gottes Vorstellungen zu entsprechen. Wir brauchen geradezu Probleme und Katastrophen, um zu reifen. Wir brauchen sogar Leid, um Gott näher zu kommen. Diese Prüfungen sind von Gott zugelassen, um die Echtheit unseres Glaubens zu erforschen und damit wir einen starken, christlichen Charakter entwickeln.

Das Resultat solcher Prüfungen ist: Ausdauer (Geduld), Charakterstärkung, Hoffnung (eine sichere, getroste, vertrauensvolle Erwartung, dass es Gott gut mit uns meint) und Gottes Liebe, die unsere Herzen erfüllt. Und schließlich bewirken solche Bewährungsproben, dass wir dann unseren Frieden und unsere Zuflucht allein bei Gott finden und sonst bei nichts und niemandem anderen.

„Gerecht gemacht also aus Glauben, haben wir Frieden mit Gott durch Jesus Christus, unseren Herrn. Durch ihn haben wir auch im Glauben den Zugang zu der Gnade erhalten, in der wir stehen, und rühmen uns der Hoffnung auf die Herrlichkeit Gottes. Mehr noch, wir rühmen uns ebenso der Bedrängnis; denn wir wissen: Bedrängnis bewirkt Geduld, Geduld aber Bewährung, Bewährung Hoffnung. Die Hoffnung aber lässt nicht zugrunde gehen; denn die Liebe Gottes ist ausgegossen in unsere Herzen, durch den Hl. Geist, der uns gegeben ist.“ Röm 5,1-6

„Was ihr braucht, ist Ausdauer, damit ihr den Willen Gottes erfüllt und die Verheißung erlangt.“ Hebr 10,36

Ausdauer, Geduld brauchen wir also! Manche Menschen beten zu Gott, doch wenn ihr Gebet nicht erhört wird, meinen sie: „Ich kann beten was ich will, Gott hört mir nie zu und erhört meine Gebete nicht!“ Das ist sehr menschlich gedacht. Gott denkt in anderen Dimensionen. GOTT bestimmt allein was und wann Er unsere Gebete erhört! Das können nicht wir bestimmen. Der Prophet Habakuk sagte uns dazu Folgendes:

„Denn erst zu der bestimmten Zeit trifft ein, was du siehst; aber es drängt zum Ende und ist keine Täuschung; wenn es sich verzögert, so warte darauf; denn es kommt, es kommt und bleibt nicht aus. Sieh, wer nicht rechtschaffen ist, schwindet dahin, der Gerechte aber bleibt wegen seiner Treue am Leben.“ Hab 2,3-5

Vergebung ist der Schlüssel

Werden unsere Gebete nicht erhört, sollten wir uns fragen, ob es vielleicht einen Hinderungsgrund geben kann. Der schwerwiegendste Grund ist meiner Meinung nach, dass wir unseren Nächsten nachtragen, dass sie uns gekränkt, verletzt oder ungerecht behandelt haben. Mitunter sind diese Verletzungen und Schmerzen so groß, dass wir sie in uns begraben haben, damit wir nicht ständig neu verletzt werden. Wollen wir erreichen, dass uns Gott alles verzeiht, was wir selbst Gott und anderen Menschen angetan haben, müssen wir alles hervorholen und uns damit auseinandersetzen.

Das gehört wohl zu den schwersten Prüfungen, denen wir uns stellen müssen. Allein schaffen wir das nicht. Ich kann aus eigener Erfahrung sagen, dass es nur mit Gottes Hilfe möglich ist, schwere traumatische Erlebnisse aufzuarbeiten und den Menschen zu verzeihen, die uns das angetan haben. Die gute Nachricht ist: Mit Gottes Hilfe kann es jeder schaffen!!

„Und wenn ihr beten wollt und ihr habt einem anderen etwas vorzuwerfen, dann vergebt ihm, damit auch euer Vater im Himmel euch eure Verfehlungen vergibt.“ Mk 11,25

Ich verbrachte ganze Nächte damit, den Menschen zu verzeihen, die mir in meinem Leben Schaden zugefügt hatten. Mit Gottes Hilfe war es mir möglich, laut zu bekennen: „Ich verzeihe ihm/ihr die mir zugefügte Verletzung in Jesu Namen. Es steht mir nicht zu ihn/sie zu verurteilen, das überlasse ich Deiner Gerechtigkeit und Deiner Barmherzigkeit. So wie Du auch an mir Barmherzigkeit walten lässt, wenn ich gefehlt habe. Herr, gib diesem Menschen Deinen Segen. Danke, Vater im Himmel!" Es ist nicht leicht, denn dabei brechen wieder die alten Wunden auf und man erleidet den Alptraum vielleicht gedanklich noch einmal. Wenn ich spürte, dass das noch nicht alles war, dass da noch mehr war, was mich bedrückte, dann bat ich den Hl. Geist, mir die Erinnerung an weitere vergrabene und verdrängte Erlebnisse zu schenken, damit ich auch diese aufarbeiten konnte. Wenn die Liste vollständig abgearbeitet ist, fällt eine zentnerschwere Last von den Schultern. Bei jeder Vergebung wird es leichter. Letztendlich bleibt ein überwältigendes Glücksgefühl, eine ungewohnte Freiheit und ein Frieden im Herzen, der für alles Ungemach und für die Strapazen der Vergebung 100-fach entschädigt. Und das dauerhaft, es ist vorbei mit den schlimmen Erinnerungen!

Nachfolge

Natürlich würden die meisten Menschen gerne ganz ohne Probleme leben. Dazu sind wir aber nicht geschaffen worden. Das ist nicht Gottes Plan und wenn wir dereinst in das ewige Leben eingehen wollen, das uns Gott verheißen hat, müssen wir Jesus nachfolgen. Wir sind hier auf dieser Erde, um Gottes Willen zu erfüllen und das Reich Gottes auf die Erde herabzuholen. Deshalb müssen wir herausfinden, was Gottes Plan für uns ist.
„Er, Christus, ist das Haupt. Von ihm her wird der ganze Leib zusammengefügt und gefestigt durch jedes Gelenk. Jedes versorgt ihn mit der Kraft, die ihm

zugemessen ist. So wächst der Leib und baut sich selbst in Liebe auf.“ Eph 4,15b-17

Paulus sagt uns hier, dass Jesus das Haupt ist, wir aber sind die Glieder des Leibes.

„Denn wie wir an dem einen Leib viele Glieder haben, aber nicht alle Glieder dieselbe Aufgabe haben, so sind wir, die vielen, ein Leib in Christus, als Einzelne aber sind wir Glieder, die zueinander gehören. Wir haben unterschiedliche Gaben, je nach der uns verliehenen Gnade.“ Röm 12,4-6b

In 1.Kor 12,12-28 befasst sich Paulus noch ausführlicher mit der Vorstellung des Leibes und seiner Glieder. Da stellt sich heraus, dass sich niemand den Platz im Leib aussuchen kann, den er gerne hätte. Alles, was wir tun können ist, den Platz herauszufinden, den Gott für uns ausgesucht hat.

Wenn wir als „Hand“ vorgesehen sind, hat es wenig Sinn, wenn wir versuchen, ein „Fuß“ zu sein. Auch wird uns klar gemacht, dass wir aufeinander angewiesen sind. Das „Auge“ kann nicht zur „Hand“ sagen: „Ich brauche dich nicht.“ Es ist jedes Glied wichtig, dass dieser Leib funktionieren kann. Die Christen, die sich die Gaben aussuchen, die ihnen am besten gefallen, aber nicht dafür vorgesehen sind, werden scheitern. Wir können nur wirklich gut sein und ohne Anstrengung wirken, wenn wir den uns zustehenden Platz einnehmen, sonst wird uns Gott nicht weiterhelfen. Wenn wir den Platz einnehmen, der uns zusteht, kommt die Kraft, der Mut, die Liebe und die Begeisterung sowie alles, was wir für die Bewältigung unseres Alltags nötig haben, von ganz von selbst dazu. Dafür sorgt Gott.

Aber, so fragen sie sich vielleicht - wie weiß ich denn, ob ich den richtigen Platz habe? Das sagt uns der Hl. Geist, unser Ratgeber, der an Jesu Stelle auf die Welt gekommen ist. Wenn wir uns an Gottes Wort, der Bibel, ausrichten, wenn wir dieses Wort nicht nur hören, sondern auch im Herzen bewahren und in unserem täglichen Leben anwenden, dann richten sich unsere Antennen, wie beim Radar, auf Empfang - auf die Stimme Gottes aus. So gelingt es uns, eine enge Beziehung zu Gott aufzubauen, dann werden wir immer wissen, ob

das, was wir machen, wirklich Gottes Wille ist. Ungeduld ist hier fehl am Platz, es ist eine lebenslange Aufgabe, die mit vielen kleinen Gehorsamsschritten verbunden ist, oft mit vielen Hindernissen und spitzen Steinen auf unserem Weg.
Jesus hat auch nicht gesagt, dass es einfach ist, zu glauben. Es ist der schmale, unbequeme Weg und das enge Tor, das uns in Gottes Herrlichkeit führt. Doch die Mühe und das Durchhaltevermögen werden reich belohnt – mit „dem Himmel auf Erden“, wie es uns Jesus versprochen hat!

Zum Abschluss

Mein bislang letztes Erlebnis mit Jesus: Jesus trägt mich in einer geistlichen Schau auf „unsere Bank“. Da waren wir schon einige Male. Die Bank steht oben auf einem sanften Hügel unter einem Baum. Jesus setzt mich auf Seinen Schoß und wir blicken wieder auf den Fluss am Fuße des Hügels. Er hält mich mit Seinen starken Armen fest, damit ich nicht hinunterfalle. Der Fluss fließt gemächlich an uns vorbei. Ein Schiff schwimmt darauf, die Sonne scheint, die Ufer sind grün bewachsen, es ist ein sehr friedliches Bild. Jesus sagt: „Dieser Fluss ist der Hl. Geist, er wird niemals enden.“ Wir genießen den wunderschönen Ausblick und ich denke mir: „So viel Hl. Geist – ein nicht endender Strom!“ Ich wünsche mir, dass dieser Augenblick niemals enden würde und sage: „Jesus, bei Dir fühle ich mich so wohl, ich möchte immer bei Dir bleiben. Nimm mich doch bitte mit!“ Jesus antwortet: „Das geht nicht, du hast noch so viel zu erledigen!“

Ich bin bereit – Dein Wille geschehe!

Sie haben dieses Buch bis zum Ende gelesen, es gibt keinen Zufall. Gott wollte, dass Sie das lesen. Möge dieser Samen auf fruchtbaren Boden fallen. Ich darf nur die Samen ausstreuen, alles weitere ist Gott überlassen. Ich bitte Gott, alle Menschen zu segnen, die dieses Buch gelesen haben und möge Er Hunger und Durst in Ihnen erwecken, dass Sie eine wunderbare Beziehung zu unserem liebenden Gott aufbauen können. Mögen Sie so viel Freude, Glück, Zufriedenheit, Gelassenheit und Frieden bei Ihm finden, wie es mir vergönnt war, zu entdecken. Ich danke Gott für die große Gnade, die Er mir erwiesen hat, dass ich Ihm dienen durfte, dass ich Sein Sprachrohr sein durfte und meine Begeisterung an andere Menschen weitergeben durfte. – Gott ich liebe Dich über alles! - **A M E N**

ISBN 978-3-7575-6981-5
9 783757 569815 00002
www.epubli.com